for *Simple* *Life*

인기 미니멀리스트 25인의 집안일 아이디어

미니멀라이프
청소와 정리법

Contents

01 CHAPTER

우리 집 청소와 수납 10 style

P10   01 / 10
yuki 씨
매일, 그리고 매주 꾸준히
즐겁게 청소할 수 있는 법을 찾습니다

P16   02 / 10
fuminco 씨
생활 전반으로 이어지는 청소
덕분에 성장할 수 있었어요

P22   03 / 10
MARI 씨
청소는 기분 좋게 하루를 시작하는
중요한 과정 중의 하나

P28   04 / 10
megu 씨
청소는 집에서의 시간을
즐길 수 있도록 도와줍니다

P34   05 / 10
nika 씨
청소를 하면 집도 마음도 상쾌
빠르고 편하게 청소하는 법을 궁리해요

| P38 | 06 / 10 | **miiiiika_home 씨**
청소는 기분 전환의 중요한 기회
일회용 청소 도구로 편하게

| P44 | 07 / 10 | **스즈 씨**
청소로 재충전하면
마음이 풍요로워집니다

| P50 | 08 / 10 | **nozo 씨**
가족의 건강을 지키는 청소
서툴지만 열심히 노력합니다

| P56 | 09 / 10 | **isabel13ok 씨**
청소는 집의 옷차림
효율적인 시스템이 중요해요

| P62 | 10 / 10 | **쿠미 씨**
우선은 보이는 곳을 깨끗하게
청소가 쉬워지는 환경을 만듭니다

| P66 | column ❶   라벨로 동기 부여 UP

Contents

02 CHAPTER

공간별 청소와 정리 아이디어

주방 *Kitchen*

- **P69** 싱크대 주변 청소
- **P74** 식기세척기, 환기팬, 바닥
- **P72** 싱크대, 인덕션, 가스레인지
- **P76** 냉장고, 가전

- **P78** 거실 *Living Room*
- **P84** 아이방 *Kid's Item*
- **P88** 창문, 베란다 *Window*
- **P95** 세면실 *Washroom*
- **P100** 화장실 *Lavatory*
- **P81** 침실 *Bedroom*
- **P86** 현관 *Entrance*
- **P90** 욕실 *Bathroom*
- **P98** 세탁기 주변 *Washroom*
- **P103** 나의 청소와 정리 철학

03 CHAPTER

청소와 정리에 유용한 아이템

세제 · 클리너

- **P108** 파스토리제 활용법
- **P110** 산소계 표백제 활용법
- **P112** 베이킹소다 활용법
- **P114** 그 외 유용한 세제 활용법 ①
- **P116** 그 외 유용한 세제 활용법 ②
- **P117** 세제 분류

청소 아이템

- **P118** 무인양품, 100엔 균일가숍, 니토리
- **P120** 디자인이 예쁜 청소 아이템
- **P122** 마음에 드는 편리한 아이템 ①
- **P124** 마음에 드는 편리한 아이템 ②

P126 column ❷ 청소와 정리 아이템 관리

04 CHAPTER

청소와 정리가 편해지는 팁

- **P128** 청소용품은 쓰는 장소에 두기
- **P130** 물건을 줄이고 바닥에 아무것도 놓지 않기
- **P132** '하는 김에 하는 청소'로 시간 단축
- **P134** 물건의 주소 정하기
- **P135** 청소와 정리가 쉬운 집 만들기
- **P136** 청소 리스트 만들기 ①
- **P138** 청소 리스트 만들기 ②
- **P139** 대청소를 한다 & 하지 않는다
- **P140** 매일 최소한의 청소 하기
- **P142** 가족과 분담하기

- **P143** column ❸ 세탁이 쉬워지는 아이디어

CHAPTER
01

우리 집 청소와 수납
10 style

Master of Simple Life

01 / 10

yuki 씨

가족 : 남편, 딸(13세, 4세)　　사는 곳 : 단독주택　　직업 : 프리랜서

【Instagram】 **yuki_00ns** http://www.instagram.com/yuki_00ns
【blog】 집과 생활의 레시피 ~HOME & LIFE~ http://ameblo.jp/yukihomelife

매일, 그리고 매주 꾸준히
즐겁게 청소할 수 있는 법을 찾습니다

좋아하는 우리 집에서, 기분 좋게 지내기 위해 꼭 필요한 것이 청소입니다.
청소에는 여러 가지 방법이 있지만 지속하는 것이 가장 중요.
조금이라도 즐겁게 지속할 수 있도록 좋아하는 청소용품을 사고
향이나 디자인으로 의욕이 생기는 아이템을 구입합니다.

▶ **청소에서 중요하게 생각하는 부분**

세제 선택. 식물유래성분이나 향이 좋은 것을 구입합니다. 머치슨 흄(Murchison-Hume), 에코스토어(ecostore), 파스토리제 등을 애용 중입니다. 좋아하는 세제는 베이킹소다 성분이 들어있는 거품 스프레이입니다. 구연산 같은 가루 아이템은 잘 사용하지 않습니다.

▶ **특히 신경 쓰는 것**

세면대 청소입니다. 이곳에서 화장을 하기 때문에 신경을 많이 쓰고 있습니다. 향이 좋은 머치슨 흄의 보이즈 배쓰룸 클리너 등을 사용합니다. 청결하면서 세련된 인테리어를 유지하려고 노력하고 있습니다.

Furniture

가구 청소

소재에 맞는
손질 아이템 사용

가구 청소는 주1회. 원목은 마른걸레질을 하는 것이 좋지만 찌든 때도 있으므로 머치슨 흄의 가구용 세제를 사용합니다. 식물유래성분으로 안심할 수 있고 그레이프 후르츠 향으로 즐겁게 청소할 수 있습니다. 소파는 다이슨 청소기를 돌린 다음, 메이드 오브 오가닉(made of organics)의 진드기 제거 스프레이를 한 번 뿌려줍니다.

청소기

무선청소기라면
바로 청소할 수 있습니다

매일 사용하는 청소기는 바로 꺼낼 수 있는지가 가장 중요. 무선청소기로 바꾼 후부터 청소기를 돌리는 일이 더 이상 귀찮지 않아요. 1층은 다이슨 무선 청소기, 2층은 마키타 무선 청소기와 로봇 청소기 루로를 사용합니다. 다이슨은 파워가 있어서 큰 이물질도 완벽하게 흡입합니다. 스팀 물걸레 청소기와 함께 팬트리 입구에 두었습니다. 꺼내기 쉬운 위치에 청소기를 두면 조금 더 쉽게 청소할 수 있습니다.

Vacuum Cleaner

▼ 침실

① 마키타 무선청소기는 세면실 선반의 S자 고리에 걸어서 수납. 세면실이나 계단 바닥에 떨어진 머리카락이 눈에 띄면 바로 돌릴 수 있어서 편리합니다. ② 2층에 있는 침실에서는 로봇청소기 루로가 활약. 청소하기 힘든 침대 아래쪽까지 깨끗하게 청소해 꼭 필요한 존재입니다. 침대 다리도 루로가 들어갈 수 있는 높이로 선택. 1층 아이 방도 이틀에 한번씩 루로를 사용합니다.

 주방

주방은 반드시
매일 리셋

오픈형 주방이라 깔끔하게 유지하기 위해 매일 리셋합니다. 싱크대, 배수구멍, 싱크대 상판, 행주. 이제는 습관이 되어서 재빨리 할 수 있습니다. 배수구멍도 매일 닦으면 그릇처럼 늘 깨끗합니다.

Kitchen

❶ 싱크대는 싱크대 청소용 스펀지로 닦습니다. 흠집이 생기지 않도록 부드러운 것을 사용. 주방 카운터는 베이킹소다 성분의 스프레이 세제로 매일 밤 닦습니다. 비누향이 퍼져서 주방 전체를 씻어낸 것 같은 개운한 기분이 됩니다. 마무리는 파스토리제로 제균합니다.
❷ 행주는 매일 산소계 표백제에 담갔다가 세탁. 빨래통에 2~3리터의 물과 행주를 넣고 그대로 인덕션에 올려놓습니다. 60도 정도까지 가열한 다음, 산소계 표백제 2큰술 투입. 식을 때까지 놔뒀다가 헹군 후, 다음날 아침 수건과 함께 세탁기에 돌립니다.

식사에 사용하는 것을
안에 넣어 식탁 위를 깔끔하게

빨대, 나무젓가락, 물수건, 앞치마, 컵받침 등 주방 세팅에 사용하는 아이템들을 라탄바구니에 담아 식탁 가까이 수납 장소를 확보. 식탁 위에는 아무것도 놓지 않습니다. 보기에도 깔끔, 식탁 청소도 편하게 할 수 있습니다. 수납장 하단에는 자주 쓰는 브루노(BRUNO)의 소형 핫플레이트를 넣었습니다.

욕실

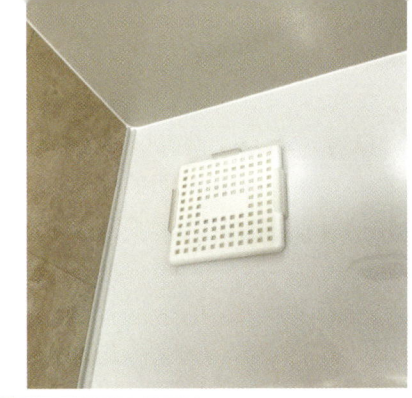

물기를 완전하게 제거해
더러움이 쌓이지 않도록

욕조와 바닥, 배수구 거름망을 재빨리 닦고 거울의 물기를 닦는 정도의 간단한 청소를 하는 날도 많지만 물기는 스퀴지로 완전히 제거하고 잘 환기시킵니다. 벽에는 '바이오로 목욕탕 곰팡이 대책'이라는 곰팡이 방지제를 착 붙여둡니다. 곰팡이가 너무 싫은데다가 알레르기까지 있기 때문에 이것을 붙여 놓으면 안심. 심플한 디자인으로 눈에 잘 띄지 않아 마음에 들어요.

Bathroom

청소아이템은 걸어서 수납. 세제, 스퀴지, 벽용 스펀지, 바닥용 브러시, 욕조용 스펀지입니다. 브러시와 스펀지는 무인양품에서 구입했습니다.

Entrance

현관

신발장은 물건의 자리를
정해서 깔끔하게

신발 외에도 수납 상자에 세세하게 나눠서 정리. 물건의 자리를 정해두면 정리하기 쉽고 물건이 미아가 되는 일도 없습니다. 잊어버리기 쉬운 티슈나 수건, 현관에서 사용하는 의류용 스프레이나 옷솔도 여기에 보관. 가방함, 코트 걸이, 모자걸이도 준비해두어 현관을 깔끔하게 유지할 수 있습니다. 왼쪽 아래 분리수거 통에는 방재용품을 넣어두었어요.

| 청소 요령 | 남편 전용 상자를 두어
거실 어질러짐 방지 |

거실은 느긋하게 쉴 수 있는 곳으로 가능한 물건은 놓지 않으려고 합니다. 최소한의 물건을 거실 테이블 속에 수납. 특히 남편 물건은 전용 상자를 준비하여 안경이나 안약처럼 나와 있기 쉬운 물건을 담아둡니다. 전용 상자를 두니 남편이 스스로 정리합니다.

Technique

서랍 안은 칸막이를 해서 꺼내기 쉽게

옷장이나 세면대, 아이들 관련 서랍의 내용물은 칸막이를 해서 물건의 위치를 정해둡니다. 수납 공간이 많다고 해서 정리가 잘 되는 것은 아닙니다. 물건을 많이 소유하는 것보다 수량을 줄여서 매일 쾌적하게 사용하는 쪽이 즐겁습니다. 깔끔하게 정리되어 있으면 청소하기 쉽고, 청소 시간도 단축됩니다. 빨래도 정리하기 쉬워졌습니다.

① 니트류는 개수가 적으므로 접어서 수납. ② 화장품은 세면대 서랍 안에 트레이로 분류하여 보관. 무엇이 들어있는지 바로 알 수 있어서 파우치보다 사용하기 편합니다. ③ 아이들 책상서랍은 무인양품 트레이를 활용.

매일 조금씩 청소하면 매주, 매월 청소도 쉽게

청소 리스트

하루의 대부분을 청소로 보낸다는 것은 슬픈 일. 그래서 매일 조금씩 청소해 깨끗함을 유지하려고 합니다. 매주 청소 리스트는 3시간 정도면 마무리할 수 있습니다. 매일 청소가 습관이 되면 매주, 매월 청소도 쉽게 끝낼 수 있습니다.

직접 작성한 청소 리스트. 왼쪽이 매주, 오른쪽이 매월 청소 리스트입니다. 끝낸 것은 동그라미를 치거나 1층만 했다 등의 메모를 해 둡니다. 청소 상황을 한눈에 볼 수 있어서 다음 청소의 기준이 됩니다.

Cleaning List

세면대는 매일 밤, 수건으로 싹 물기를 닦고 배수구에 파스토리제를 뿌려줍니다. 이것만 해도 깔끔하게 유지하는데 도움이 됩니다. 월1회는 식기류를 전부 꺼내서 서랍 속을 닦아줍니다. 식기 정리 정도도 할 수 있어서 일석이조.

매일 청소 리스트
- 청소기 돌리기
- 세면대 물기 닦기
- 화장실 간단 청소
- 욕실 청소

매주 청소 리스트
- 가구 손질
- 마루 걸레질
- 욕실 꼼꼼하게 청소
- 화장실 꼼꼼하게 청소
- 세면대 청소
- 주방 주변 청소
- 현관 청소
- 냉장고 청소
- 소파 손질
- 시트&이불 세탁
- 팬트리 청소

매월 청소 리스트
- 세탁기 청소
- 청소기 청소
- 휴지통 닦기
- 창틀 청소
- 그릇장 안쪽 청소
- 욕조 청소
- 옷장 청소
- 신발장 청소
- 세면대 안쪽 청소
- 창문 청소
- 정원 청소
- 식기세척기 청소
- 환기팬 청소
- 가습기·공기청정기 청소
- 수전 청소
- 제빙기 청소

Master of Simple Life

02 / 10

fuminco 씨

가족 : 남편, 아들(9세, 6세), 딸(2세)　사는 곳 : 아파트　직업 : 주부

【instagram】 ie_koto http://www.instagram.com/ie_koto

생활 전반으로 이어지는 청소 덕분에 성장할 수 있었어요

청소는 저를 크게 변화시키고 성장시킨 집안일입니다. 고작 청소냐고 의아할 수도 있겠지만 청소는 정말 중요한 가치입니다. 깔끔하게 청소하면서부터 인간관계, 옷차림, 물건에 대한 생각, 쇼핑법, 정리법 등 대충 생각하는 일이 없어졌습니다. 청소는 생활 전반으로 이어집니다.

▶ **청소 원칙**

매일 완벽하게 해내려고 생각하지 않을 것. 혼자서 너무 애쓰지 않을 것. 규칙이나 약속을 많이 만들지 않을 것. 청소를 아예 할 수 없는 날이 있어도 괜찮아요. 단 포기하지 않고 꾸준히. 청소가 즐거운 일이 되도록 멋진 청소 아이템도 구입합니다.

▶ **특히 신경 쓰는 것**

욕실이나 세탁기, 주방 등 배수구 청소. 늘 물에 젖어 있기 때문에 하루 만에 미끈미끈해집니다. 방치하면 할수록 심해집니다. 맨손으로 체크하고 뽀득뽀득해질 때까지 매일 관리합니다. 이것만은 특히 매일 습관처럼 꼭 합니다.

청소 요령

완벽한 청소보다 육아가 우선

아이들이 어려서 아직 손이 많이 갑니다. 매일 모든 것을 해내려고 하지 않습니다. 그래도 깨끗하게 집을 유지하려고 노력합니다. '하는 김에 하는 청소'로 청소에 걸리는 시간을 줄입니다. 너무 많은 규칙이나 방법을 정하지 않습니다. 언제라도 바로 청소를 시작할 수 있고, 바로 끝낼 수 있도록 청소용품을 사용하기 편리한 곳에 둡니다.

Technique

거실

아침에 일어나자마자 먼지 제거

매일 아침 5분 정도는 '최소한의 청소'를 합니다. 밤 사이에 떨어진 마루의 먼지를 닦는 것은 반드시 하는 일. 자기 전에 침실로 정전기 청소포를 끼운 자루걸레를 가지고 들어갑니다. 그리고 다음날 아침에는 각 방의 먼지를 닦으면서 거실로 향합니다. 매일 하면 먼지가 쌓일 일이 없습니다.

Living Room

마루의 먼지를 다 닦았으면 정전기 청소포를 빼내고 뒷면으로 뒤집어서 걸레받이를 닦습니다. 여기까지 3~4분이면 끝납니다. 다음은 화장실 청소. 마루와 화장실을 정리해두는 것만으로 하루의 집안일이 확 줄어듭니다.

커튼은 고리까지 세탁 레일은 세스퀴탄산수로 닦기

환절기나 방충망 청소를 하는 시점에 커튼을 세탁합니다. 떼고 달기 편하게 고리째로 세탁망에 넣습니다. 커튼 밑단에 때가 탔을 때는 우타마로 비누 등으로 애벌빨래를 해두면 깨끗해집니다. 커튼을 걸기 전에 레일도 청소. 먼지 뿐 아니라 기름때가 붙은 경우도 있으므로 세스퀴탄산수 스프레이로 닦습니다.

* 세스퀴탄산소다 1/2 작은술과 물 180ml를 스프레이병에 넣어서 만듭니다.

주방

Kitchen

키친타올을 활용 설거지를 줄입니다

요리할 때 가능한 설거지가 적게 나오도록 노력합니다. 소량의 채소는 그릇 대신 키친타올을 씁니다. 물기가 잘 빠지고 설거지도 줄어드니 일석이조. 사용한 키친타올은 냄비나 프라이팬이나 가스레인지 주변을 닦은 다음에 버립니다. 주방행주를 사용할 때도 있습니다.

싱크대는 산소계 표백제로 살균과 제균하기

하루의 마무리는 주방 리셋. 식기와 삼발이를 닦은 다음, 배수구 쓰레기를 버립니다. 마무리는 산소계 표백제 2큰술과 뜨거운 물을 배수구에 흘려보내서 살균과 제균 완료. 도마와 수세미도 동시에 세척. 수세미는 짠 다음 파스토리제를 뿌려서 말립니다.

생선 그릴 배기구엔 알루미늄 호일 커버

주방은 생각 이상으로 기름때가 많이 생기므로 사용 후 바로 알칼리전해수로 닦습니다. 생선 굽는 그릴은 사용 빈도가 낮아 윗부분을 알루미늄 호일로 덮어둡니다. 안으로 기름이나 이물질이 들어가지 않아 좋아요. 벽은 60도 정도의 뜨거운 물을 천천히 뿌린 다음 행주로 닦아내면 깨끗해집니다.

Bathroom

목욕 후 3분 안에 청소
마지막엔 물기를 닦습니다

배수구의 머리카락을 제거하고 배수구 부품을 빼서 남은 목욕물로 맨손으로 닦고 헹굽니다. 파스토리제로 제균하고 다음날까지 건조. 욕조는 무인양품의 손잡이 달린 스펀지와 세스퀴탄산수를 사용합니다. 원래는 주방용이지만 스펀지만 교환하면 반영구적으로 사용할 수 있어요. 마지막은 욕실매트 대신 사용하는 수건으로 물기를 닦고 수건은 세탁기 속으로.

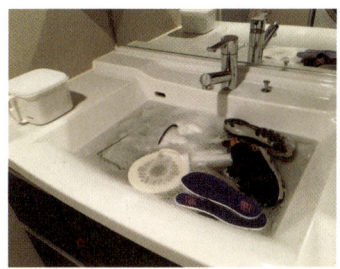

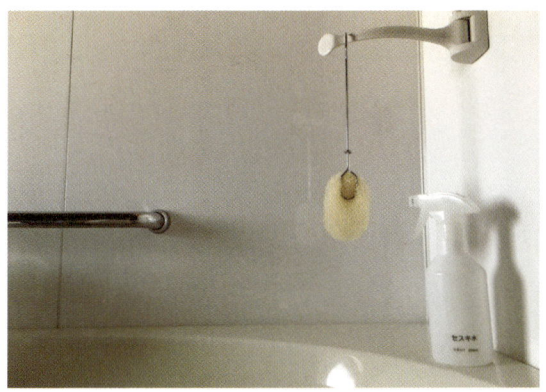

욕실과 세탁기의 배수 부품은 아이들이 매주 가지고 오는 실내화와 함께 세면볼에 산소계 표백제를 풀고 담가둡니다. 세면볼도 반짝반짝해지고 한번에 많은 청소를 끝낼 수 있어요.

Veranda

빨래 널기 전
베란다 쓸기

빨래를 널기 전에 재빨리 베란다 청소. 매일 쓸어도 먼지와 머리카락, 빨래에서 떨어진 이물질 등이 떨어져 있습니다. 매일 하면 금방 끝낼 수 있어요. 깨끗한 베란다를 보면 기분도 개운해집니다. 2~3개월에 한번은 소량의 중성세제와 물을 뿌린 다음 브러시로 청소. 대청소까지 가지 않고 끝납니다.

방에 청소기를 돌리는 김에 창틀의 이물질을 빨아들입니다. 흙먼지와 홈 안쪽은 식탁을 닦은 물티슈를 대나무 꼬치에 돌돌 말아서 닦아냅니다.

Clean-up

정리

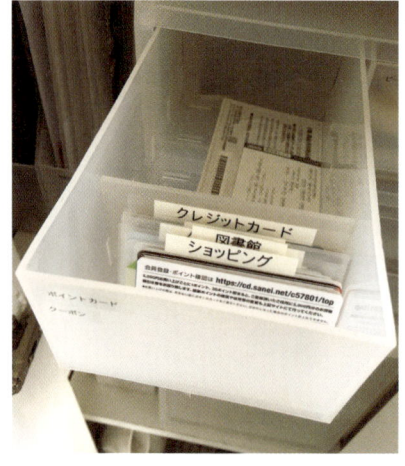

직접 만든 칸막이로 카드 정리

카드류는 클리어 케이스에 세워서 수납. 남는 클리어 파일을 잘라서 칸막이를 만들었습니다. 안쪽에는 쿠폰 등도 함께 넣어둡니다. 사용하지 않는 포인트 카드는 처분하고, 신용카드는 해지합니다. 물건을 잘 정리해서 넣기 전에, 쓰지 않는 물건을 줄이는 것도 중요합니다.

수납은 쓰기 편하게

싱크대 아래 수납장에는 사용 빈도에 따라 물건을 배치했습니다. 자주 쓰는 물건은 오른쪽에, 빈도가 낮은 것은 왼쪽에. 청소 스프레이는 자주 사용하므로 재빨리 꺼낼 수 있는 오른쪽에 걸어놓습니다. 왼손으로 서랍을 열고 오른손으로 꺼내면 되니 아주 편하게 느껴집니다.

Motivation Up

동기 부여 UP

의욕이 생기지 않을 때는 타이머 활용

어떤 집안일이든 대부분 10분 정도면 끝낼 수 있습니다. 그런데도 의욕이 생기지 않을 때는 타이머를 설정합니다. 울리기 전에 끝냈다면 '시작하면 이렇게 빨리 끝나는데' 라는 생각에 즐거워집니다. 스스로 약간 쫓기는 상황을 만드는 것도 나쁘지 않습니다. 열심히 청소를 한 다음에 간식 타임을 즐기는 것도 동기 부여가 됩니다.

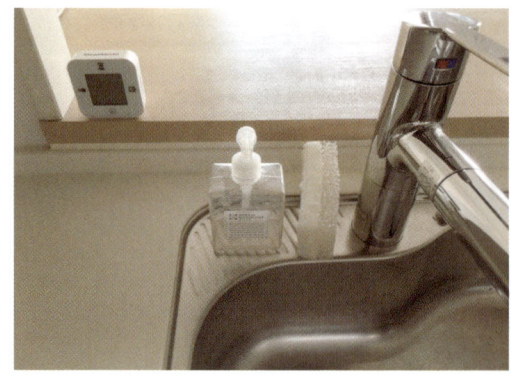

생활의 흐름 속에서 '하는 김에 하는 청소'

청소 리스트

집이 더러워지는 것은 당연합니다. 그중에서도 먼지와 물 쓰는 곳의 미끈거림과 곰팡이, 기름때는 방치하면 청소가 힘들어집니다. 건강에 영향을 미칠 수도 있기 때문에 절대 쌓이지 않도록 평소에 신경을 씁니다. 방법은 더러워지기 전에 일단 닦을 것. 자루걸레로 바닥을 닦고 세수하는 김에 거울과 실리콘 코킹을 닦고, 화장실에 가는 김에 변좌와 문고리, 스위치를 닦습니다. 신발을 신고 벗는 김에 현관을 쓸어줍니다. 이렇게 '하는 김에 하는 청소'를 습관화하면 청소 시간을 줄일 수 있어요.

Cleaning List

매일 청소 리스트
- 마루, 걸레받이 먼지 제거
- 화장실 청소
- 주방 리셋
- 배수구 청소
- 청소기 돌리기
- 창틀 청소
- 베란다 쓸기

매주 청소 리스트
- 거실 마루 닦기
- 세면대 산소계 표백제에 담가놓기
- 아이 운동화 빨기
- 화장실 물탱크 청소
- 휴지통 청소

매월 청소 리스트
- 세탁기 배수구
  - 산소계 표백제에 담가놓기
- 욕실 천정, 벽청소(격주)
- 방충망 청소(격주)
- 청소기 손질(격주)

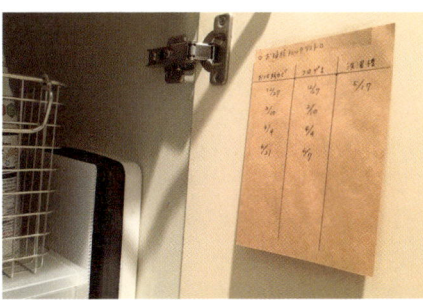

욕실 곰팡이 방지제, 욕조, 세탁조 청소는 청소한 날짜를 메모란에 적어서 세면대 서랍 문에 붙여놓습니다. 날짜를 정해서 리스트화 하면 잘 유지할 수 있습니다.

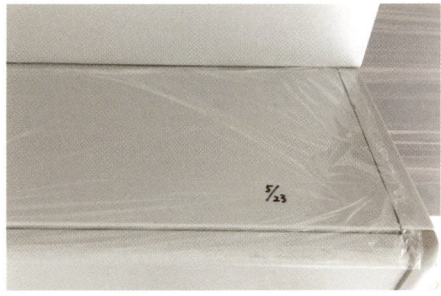

주방의 냉장고와 환기팬 위에 먼지 방지를 위해 랩을 깔아줍니다. 2~3개월을 기준으로 교환하기 때문에 교환한 날짜를 랩 위에 적어놓습니다.

Master of Simple Life

03 / 10

MARI 씨

가족 : 남편, 아들(9세, 8세) 사는 곳 : 단독주택 직업 : 회사원

【Instagram】 mari.s.home http://www.instagram.com/mari.s.home

청소는 기분 좋게 하루를 시작하는 중요한 과정 중의 하나

자기 전에 반드시 거실과 주방은 깨끗하게 한다는 것이 원칙. 아침에 일어났을 때 집이 깨끗하면 하루를 행복하게 시작할 수 있습니다. 회사에 가기 전, 시간 여유가 있으면 아침 청소를 합니다. 한 시간만 있어도 청소기 돌리기와 화장실 청소 외에 여러 가지를 해놓을 수 있어요.

▶ **당신에게 있어서 청소란**

청소와 정리정돈을 비교적 좋아하는 편입니다. 청소를 해서 집이 깨끗해지면 개운하고 상쾌한 기분. 기분 좋게 생활할 수 있다면 스트레스도 해소됩니다. 하지만 완벽하게 해내려고 지나치게 노력하지 않습니다.

▶ **특히 신경 쓰는 것**

바닥 청소입니다. 아이들이 아직 어리기 때문에 언제 어디서 뒹굴며 놀아도 괜찮을 수 있도록 바닥을 항상 깨끗하게 유지하려고 합니다. 또 벽의 오염이나 어질러지는 것도 신경쓰입니다. 아이들이 있어도 잘 어질러지지 않는 환경을 만들려고 노력하고 있습니다.

Motivation Up

동기 부여 UP

sns에 청소 선언하기

아무리 해도 의욕이 생기지 않을 때는 인스타그램에 '이번 달 중에 청소해서 사진을 올리겠습니다.'라고 청소를 선언. 약속을 지켜야하기에 의욕도 생깁니다. 단 무리하면 점점 더 싫어지고 스트레스가 쌓이기 때문에 악순환. 일주일에 한번은 최소한의 청소 이외는 아무것도 하지 않는 날을 만듭니다.

주말에 스팀 청소기로 더러워진 마루 리셋

거실

마루는 매일 청소기를 돌리고 일주일에 한번은 스팀 청소기로 닦습니다. 깨끗해 보여도 피지 때와 음식찌꺼기 등으로 생각보다 더럽습니다. 매주 스팀 청소기로 닦는데도 걸레가 금세 새까매집니다. 마루는 간단하게 새로 깔 수 있는 것이 아니므로 매일매일 정성껏 손질해서 오랫동안 깨끗하게 유지하고 싶습니다.

Living Room

월말엔 반드시 환기팬 청소 절전 효과도 있어요

주방

환기팬 주변은 세스퀴탄산수 스프레이로 기름때를 닦아내고 스펀지로 닦은 다음, 걸레로 물걸레질. 팬은 45도의 뜨거운 물 3리터에 세스퀴 1큰술을 녹여서 30분~1시간 담근 후 중성세제로 씻어내고 건조시킵니다. 월1회 청소로 늘 깨끗한 상태를 유지할 수 있고 환기팬의 성능이 더 좋아져 절전으로 이어집니다.

Kitchen

청소 도구는 싱크대 밑에 수납. 첫 번째 칸에는 식기세척기용 세제, 수세미 여유분, 배수구 기름망을 수납. 수세미와 기름망은 니토리의 흰색 더스트 박스에 담아두었습니다. 열기 쉽고 꺼내기 쉬워서 자질구레한 것을 수납하는데 딱 좋습니다.

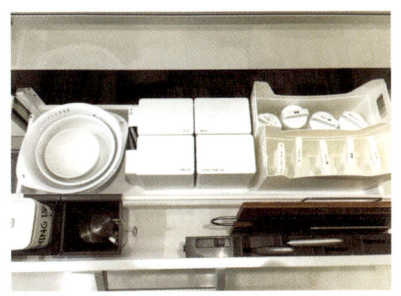

아이들 방

4가지 규칙으로 깨끗한 방 유지

'장난감을 너무 많이 놓지 않는다', '제자리를 정한다', '수납장은 꽉 채우지 않는다', '꺼낸 것은 그날 안에 정리한다'가 우리 집 규칙. 장난감이 너무 많아지면 아이들 스스로 필요, 불필요, 보류로 분류. 아이들이 소중하게 생각하는 것을 멋대로 처분하지 않도록 합니다. 그리고 아이의 판단력을 길러 줄 수 있는 기회이니 시간이 걸려도 아이들과 함께 정리합니다. 상자는 라벨링. 2/3이상은 채우지 않아야 아이들이 찾기 쉽고 정리하기 쉽습니다.

Kids Room

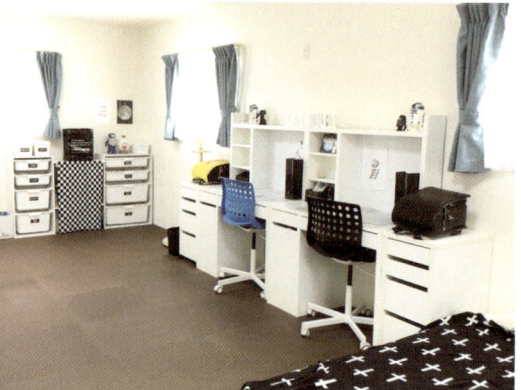

Husband's Room

남편의 방

취미가 많은 남편의 물건은 전용 공간에 수납

남편은 낚시와 스케이트 보드, 음악, 소품 수집 등 취미가 많습니다. 그래서 집을 지을 때 과감히 남편 방을 따로 만들었습니다. 눈치 보지 않고 자유롭게 취미를 만끽할 수 있고 공간을 분리하니 서로 스트레스 없이 생활할 수 있어 좋아요.

Bedroom

침실

침대 시트 교환은 요일을 정해 잊어버리지 않도록

시트는 매주 수요일에 교환합니다. 생각나는 대로 하면 언제 교환했는지 잊어버리기 때문입니다. 베개 커버는 이틀에 한번, 매트리스 커버는 2주에 한 번 바꾸고 있습니다. 커버를 교환할 때 다이슨 V8 청소 클리너로 매트리스를 깨끗하게 하고 세워서 건조. 상하를 바꿔주면 오래 사용할 수 있습니다.

구연산 팩과 베이킹소다로 월1회 철저 청소

화장실

Lavatory

물 100ml에 구연산 1큰술을 섞은 것으로 변좌 밑 부분과 변기의 홈을 팩 바르듯 바릅니다. 구연산은 녹의 원인이 되므로 남아있지 않도록 1시간 후에 베이킹소다 스프레이를 뿌려서 닦습니다. 바닥과 벽은 베이킹소다 스프레이로 청소. 작은 틈은 나무젓가락을 이용. 변기 수조는 베이킹소다 + 구연산을 발포시켜 때를 불리고 닦습니다. 매일 간단히 청소하기 때문에 월1회 청소도 금방 끝납니다.

Entrance

현관

흰색 현관 타일은 짝수 달에 물 청소 & 멜라민 스펀지

겨울을 제외한 짝수 달 월초에 타일 물 청소. 뜨거운 물에 산소계 표백제를 풀어서 타일 전체에 뿌려줍니다. 30분~1시간 기다렸다가 멜라민 스펀지로 문질러 닦습니다. 물로 전체를 씻어낸 다음, 물기를 닦고 건조시키면 완료. 이렇게 하면 새하얀 현관으로 되살아납니다. 타일이 잘 마르지 않는 겨울에는 베이킹소다 스프레이를 뿌린 다음, 멜라민 스펀지로 문질러 닦고, 마른 걸레로 닦으면 깨끗해집니다.

> 가전 관리

에어컨 필터 부품은 산소계 표백제

먼지가 많이 쌓이는 에어컨 필터. 틀었을 때 집안에 먼지가 날리고 냉방 효율도 떨어집니다. 때를 제거하기 어려워지기 전에 홀수 달 초 일요일에 청소. 홀수 달로 정해두면 기억하기 쉬워요. 물로 씻을 수 있는 부분은 씻어내고 오염이 심각한 경우에는 산소계 표백제에 담갔다가 닦습니다.

Consumer Electronics

> 청소 요령

6개월에 한번, 중간 청소로 연말이 편해져요

일반적 청소로 철저하게 할 수 없는 부분은 6월 쯤 중간 청소를 합니다. 1층의 버티컬 블라인드는 물로 빨 수 없기 때문에 걸레로 오염을 닦아냅니다. 우타마로 비누로 부분 세척도 합니다. 창틀은 베이킹소다 스프레이를 뿌리고 방충망은 자루걸레의 물걸레 청소포로 닦습니다. 신발장도 중간 청소로 신발을 전부 꺼내고 선반 위의 먼지와 모래를 치운 다음, 베이킹소다 스프레이(미지근한 물 250ml와 베이킹소다 1작은 술)로 걸레질. 신지 않는 신발은 버립니다.

Technique

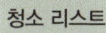

청소 리스트

해야 할 일을 분산시키면 지속할 수 있어요

청소 과정은 거의 정해져 있습니다. 한 번에 전부 깨끗하게 하려고 하면 너무 힘들고 지쳐요. 하지만 조금씩 나눠서 청소하면 부담이 줄어듭니다. 매일 청소는 무리하지 않는 정도로. 힘든 청소는 매월 분산시켜서. 단 거실과 주방은 자기 전에 반드시 원상태로 깨끗하게.

Cleaning List

매일 청소 리스트
- 청소기 돌리기
- 세면대 청소
- 화장실 청소
- 욕실 청소
- 침대 정리
- 거실 리셋
- 주방 리셋

매주 청소 리스트
- 시트 교환
- 마루 스팀 청소기 돌리기(매주~격주)

매월 청소 리스트
- 화장실 철저 청소
- 욕실 철저 청소
- 주방 환기팬 청소
- 에어컨 필터 청소(격월)
- 현관, 테라스 데크 청소(격월)
- 세탁기 청소(2~3개월마다)

대청소 리스트
- 걸레받이 청소
- 신발장 청소
- 2층 베란다 청소
- 냉장고, 환기팬 위 철소
- 냉장고 안 닦기
- 현관 청소
- 1년분 서류정리
- 방충망, 창틀 청소
- 창고 청소
- 각 방 환기 필터 청소

환기팬과 현관 등 더러워지기 쉬운 장소는 매월 또는 격월로 청소하고, 연말 대청소는 세세한 부분을 중점적으로, 11월쯤부터 할 일 리스트를 만들고, 끝나면 체크.

megu 씨

가족 : 남편, 딸(7세, 5세)　　사는 곳 : 단독주택　　직업 : 파트타이머

【Instagram】 meguri4 http://www.instagram.com/meguri4

청소는 집에서의 시간을
즐길 수 있도록 도와줍니다

아무리 즐거운 일정을 마친 후라도 집에 돌아왔을 때 집이 지저분하다면
'이제부터 또 정리네.'라는 생각에 피로가 왈칵 몰려옵니다.
반대로 깨끗하게 정리하고 외출했을 때는 '역시 집이 최고야.'라고 생각되지요.
이것은 아침도 마찬가지. 정리된 상태로 하루를 시작하면
발걸음이 가벼워지고 집안일도 더 즐겁게 할 수 있어요.

▶ **좋아하는 청소, 싫어하는 청소**

걸레질과 물 쓰는 곳 청소를 좋아합니다. 열심히 문지르고 닦은 후 마른걸레로 닦아냈을 때 반짝반짝 빛나는 모습을 보면 기분이 좋아집니다. 싫어하는 것은 청소기 돌리기. 성격이 급한 탓인지 빨리 돌리곤 해서 먼지가 남아있는 경우도 있습니다.

▶ **특히 신경 쓰는 것**

매일 세면볼과 수전을 닦아내는 것. 각각 10분도 걸리지 않을 정도로 간단한 일. 하지만 게으름을 피우다가 때가 쌓이면 몇 시간이나 팩을 하거나 담가 둬야하는 등 많은 노력이 필요합니다. 매일 꾸준히 하는 것이 최고입니다.

Technique

청소 요령

우선 청소하기 쉬운
환경 만들기

청소용품을 깊이 보관하면 결국 청소를 하지 않게 됩니다. 자루 걸레나 양모 먼지떨이 등 매일매일 청소에 쓰는 것은 사용하는 장소 가까이에 배치합니다. 거실, 물 쓰는 곳, 화장실, 어느 곳이든 접근성이 좋은 장소에. 화분 밑에는 바퀴가 달린 화분 받침을 깔아서 바로 이동할 수 있도록 합니다. 하고 싶을 때 바로 청소할 수 있는 환경을 만들어놓습니다.

거실

높은 곳부터 먼지를 털고
청소기를 돌립니다

아침이면 우선 양모 먼지털이로 조명, 허리높이창 창살, 책장, TV 장식장 주변, 환풍기, 층계 난간, 식탁 순으로 먼지를 털고 청소기를 돌립니다. 그 후 무인양품 자루걸레로 닦으면 청소기로 제거되지 않았던 얼룩도 제거되어 기분이 좋습니다. 평소 청소 슬리퍼를 애용하기 때문에 걸어 다니기만 해도 작은 이물질은 제거됩니다. 슬리퍼 바닥은 테이프 클리너로 밀고 걸레와 함께 세탁합니다.

Living Room

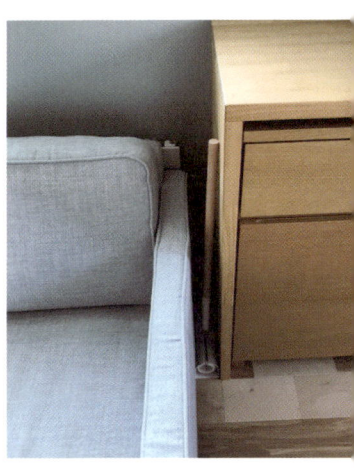

서서 밀 수 있도록
테이프 클리너의 손잡이를 길게

쿠션과 소파, 러그 등 패브릭 제품은 테이프 클리너로 깨끗하게 관리합니다. 고양이 털 때문에 우리 집의 필수 아이템입니다. 아침에 일어나서 가장 먼저 하는 일이기 때문에 선 채로 편하게 할 수 있도록 긴 손잡이를 끼웠습니다. 무인양품 청소 도구 시스템 중 하나입니다.

주방

Kitchen

주방은 저녁에 반드시 리셋
청소를 미루지 않습니다

주방은 항상 깨끗한 상태로 유지하려고 신경을 씁니다. 인덕션 배기구 커버는 떼어 내서 알코올 스프레이로 닦습니다. 상판도 닦고 오염과 눌어붙은 부분이 떨어지지 않을 때, 스테인리스의 얼룩이 신경 쓰일 때는 하이홈으로 문질러줍니다. 싱크대는 스펀지로 닦고 물기를 제거하면 완료. 대대적으로 청소를 하지 않아도 깨끗하게 유지됩니다.

*하이홈 : '일본 국민세제'라 불리는 친환경 다목적 세제.

인덕션 옆 타일도 알코올 스프레이로 같은 방법으로 매일 리셋. 줄눈의 더러움이 신경 쓰이면 무인양품 브러시와 알칼리 전해수로 줄눈 부분을 문질러줍니다.

이불은 빨래건조대에
널어서 말리기

침실

침실 청소는 아침에 하는 집안일. 창문을 열어놓고 이불을 탁탁 털어줍니다. 이불과 모포는 접어서 발 밑에 정돈하고 베개 등과 함께 매일 테이프 클리너로 밀어줍니다. 날씨가 좋은 주말에는 시트 등을 세탁. 방에서 사용하는 빨래 건조대에 이불을 널어 발코니에 내놓습니다. 건조대째로 그대로 바깥에 내놓을 수 있어서 더 쉽게 느껴져요.

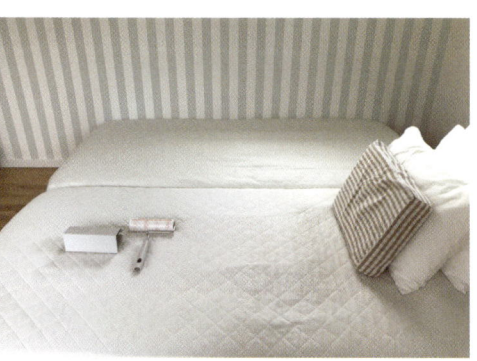

Bedroom

욕실

배수구 거름망도 매달아서 말리기

마지막에 샤워한 사람이 청소 담당. 욕조와 바닥을 닦고 거울과 샤워 헤드, 목욕의자 등의 물기도 스퀴지로 제거하고 몸을 닦은 수건으로 닦아서 마무리. 배수구 거름망은 머리카락을 제거한 다음, 청소도구 등과 함께 매달아놓고 말립니다. 글로 써놓으니 힘들어 보이지만 5분 정도면 마무리할 수 있는 간단한 작업. 따뜻할 때는 때도 잘 떨어집니다. 월1회는 곰팡이 제거훈연제나 산소계 표백제 담그기 등으로 꼼꼼하게.

Bathroom

월초에는 천장과 벽을 곰팡이 제거제나 파스토리제로 닦아줍니다. 수전은 꽉 짠 걸레에 하이홈을 묻혀서 문질러줍니다. 바닥과 상판, 배수구 뚜껑이 거뭇거뭇해지면 산소계 표백제로 거품을 내서 청소.

Entrance

현관

현관용 브러시는 욕실에서 쓴 것을 다시 사용

매일 아이들을 배웅한 다음, 빗자루로 현관을 재빨리 쓸어줍니다. 특히 더러움이 눈에 띄는 부분은 알칼리 전해수 + 멜라민 스펀지를 사용합니다. 현관 청소용으로 새것을 쓰는 경우는 거의 없어요. 욕실에서 쓰던 브러시를 현관에서 사용하는 것이라 낭비가 없어요. 멜라민 스펀지도 편하게 사용할 수 있는 다이소의 손바닥 사이즈를 애용합니다.

| 세탁
아이디어 |

때가 심한 세탁물은
우타마로 비누로

프레디 렉의 세탁바구니를 애용하고 있습니다. 그 위에 같은 브랜드의 빨래대야를 겹쳐 두고 양말이나 손수건 옷깃이나 소매가 거무스름해진 옷 등 더러움이 심한 세탁물을 분류. 가족 모두에게 '여기 넣어 둬'라고 부탁했습니다. 세리아의 미니 빨래판과 액체 세탁세제로 비벼 빨고 있지만 그래도 빠지지 않은 찌든 때는 우타마로 비누를 씁니다. 비누로 비빈 다음, 세탁기에 넣어 그대로 돌립니다.

Washing

주방에서 사용한 행주는 밤 사이 산소계 표백제에 담가서 표백. 냄비나 법랑 저장용기에 넣고 직접 인덕션 60도 정도까지 데웁니다. 산소계 표백제를 넣고 방치. 이렇게 하면 냄비와 저장용기의 때도 빠지기 때문에 정말 편리해요.

청소 분담

아이들 물건은
스스로 청소와 정리

지금까지는 아이들이 자기 방만 정리하도록 했는데 둘째가 어린이집에 다니게 된 것을 계기로 통원 용품과 원복도 맡기게 되었습니다. 세탁해서 개놓으면 스스로 정리합니다. 거실에서 사용하는 미술용품도 한 사람당 상자 하나로 정리, 각자가 관리합니다. TV장에는 아이들용 먼지떨이를 배치하고, 청소도 돕게 합니다. 큰딸이 키보드와 텔레비전도 닦아주는데 무척 도움이 됩니다.

Cleaning Sharing

남편은 고양이 화장실 청소를 담당. 고양이 모래는 변기에 버리는 타입이라서 가족만 사용하는 2층 화장실에 설치하여 쉽고 빨리 청소할 수 있습니다. 쓰레기를 봉투에 모아서 버리는 것도 남편의 일. 쓰레기통 바로 옆에 쓰레기 봉투를 놓아둡니다.

nika 씨

가족 : 남편, 딸(4세)　　사는 곳 : 단독주택　　직업 : 파트타임

【Instagram】 nika.home https://www.instagram.com/nika.home

청소를 하면 집도 마음도 상쾌
빠르고 편하게 청소하는 법을 궁리해요

청소는 집 뿐 아니라 마음까지 깔끔하게 만들어요. 청소도 정리도 쌓아두지 않으려고 노력합니다. 더러움이 눈에 띄었을 때, 바로 처리하면 시간을 따로 내지 않아도 깔끔한 집을 유지할 수 있습니다. 청소 도구를 쓰기 편한 곳에 놓고 적은 물건으로 심플하게 사는 것도 청소의 요령입니다.

▶ **좋아하는 청소, 싫어하는 청소**

좋아하는 청소는 없지만 그래도 꼭 골라야한다면 단시간에 할 수 있는 것. 깨끗함을 편하게 유지할 수 있도록 늘 아이디어를 고민합니다. 싫어하는 청소는 에어컨이나 환기팬 등 높은 곳 청소. 시간과 수고가 많이 들기 때문입니다.

▶ **특히 신경 쓰는 것**

저녁에 하는 주방 리셋. 이것은 아무리 피곤해도 반드시 하려고 합니다. 하지 않으면 아침에 할 집안일이 원활하게 진행되지 않고 '깨끗이 해놓고 잘 걸 그랬어.'라고 반드시 후회. 그날 하루의 기분도 다운됩니다.

Technique

청소 요령

아이 방은 빈방으로 유지
청소하기 편하게

아이가 어려 비워둔 아이 방. 창고처럼 쓸 수도 있지만 한번 그렇게 쓰기 시작하면 점점 안 쓰는 물건으로 가득 찰 것 같아서 아예 빈방으로 유지합니다. 아무것도 없는 방은 청소가 정말 편해요. 물건의 양이 많을수록 청소와 정리가 힘들어집니다. 늘 심플하게 살려고 노력합니다.

주방

주방 리셋은
알칼리 전해수와 행주로

주방 리셋은 매일 밤 반드시 하는 집안일. 싱크대는 수세미가 아니라 흰색 뜨개 행주를 사용합니다. 뜨개 행주는 표백해서 청결을 유지합니다. 주방 위, 전자레인지, 전기밥솥의 손질은 기름때에 강한 알칼리 전해수를 사용합니다. 깨끗해질 뿐 아니라 두 번 닦을 필요가 없어 시간이 단축되고 편하게 청결을 유지할 수 있습니다.

Kitchen

고무장갑은
손에 맞는 것으로

청소와 요리에 모두 사용할 수 있는 고무장갑. 자신에게 맞는 것을 선택하는 것이 중요합니다. 제 손에 딱 맞는 것은 니트릴 장갑 S사이즈입니다. 빨 필요가 없고 관리가 쉬운 일회용 타입이며 튼튼해서 잘 찢어지지 않는 것도 포인트. 물건을 잘 고른다는 것은 사소한 일이지만 그것이 축적되어 집안일이 훨씬 편해집니다.

Entrance | 현관

외출 전, '하는 김에 하는 청소'를 습관화

매일의 청소는 대부분 하는 김에 하고 있습니다. 그 하나가 현관 청소. 외출할 때 재빨리 빗자루질을 합니다. 일부러 시간을 내지 않고 해버리는 것이 편합니다. 습관화되면 무리하지 않아도 깨끗함을 유지할 수 있습니다. 아침에 일어났을 때 이불을 정리하고, 화장실에 들어갈 때마다 닦는 것도 습관이 되었습니다.

현관에는 택배 상자를 개봉하거나 재활용을 모을 때 사용하는 가위&끈도 준비 중. 끈이 굴러다니거나 엉키지 않도록 노끈함을 이용합니다.

침실 | *Bedroom*

레이캅은 매일 돌립니다

빨기 힘든 매트리스는 레이캅을 이용합니다. 레이캅은 매일 사용하는데 우리 집에서는 없어서는 안 될 청소용품. 날씨가 좋은 날에는 시트와 베개 커버를 세탁하고 베개 몸통은 햇빛에 말립니다. 그리고 침대와 침대 사이를 약간 벌려놓고 환기. 매트리스는 위 아래를 바꿔가면서 사용하고 있어요.

Washing

신발 세탁

산소계 표백제에 담가놓았다가 세탁기에 넣으면 신발이 반짝반짝

신발을 박박 문질러 빠는 것은 시간이 걸리기 때문에 솔로 간단하게 오염을 털고 50도 정도의 뜨거운 물에 산소계 표백제를 풀어서 담가둡니다. 다음은 신발 전용 세탁망에 넣고 세탁기로 빱니다. 세탁기에서는 탈수까지 되니까 편해요.

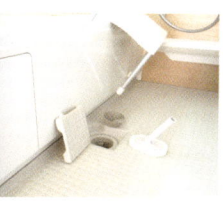 

청소 리스트

아침 저녁 청소로 더러움이 쌓이지 않도록

매일 청소로 더러움이 쌓이지 않도록 하는 것이 방침. 아침에 할 집안일과 저녁에 할 집안일을 정하고 2~3분이라도 지속하여 깨끗함을 유지합니다. 집안일이란 끝없이 계속되는 것입니다. 좋든 싫든 해야만 하는 것이라면 청소기를 돌릴 때 아로마 오일을 뿌리는 등 즐기면서 할 수 있는 방법을 궁리합니다.

매일 청소 리스트
- 이불에 레이캅 돌리기
- 청소기 돌리기
- 화장실 청소
- 현관 쓸기
- 세면대 청소
- 싱크대 청소
- 주방 가전, 휴지통 관리
- 욕실 청소
- 거실 리셋

매주 청소 리스트
- 먼지 털기
- 주방 주변 바닥 닦기
- 냉장고 청소
- 청소 도구 관리
- 문서절단기와 서류 관리
- 우유팩과 신문지 재활용

매월 청소 리스트
- 수세미와 칫솔 교환
- 마룻바닥 걸레질
- 선반, 수납케이스 닦기
- 식기세척기, 주전자 관리
- 세탁기 청소
- 물때 제거
- 수도꼭지 청소
- 현관타일, 문, 문패, 신발장 청소, 신발 관리
- 창틀 청소
- 거울 청소
- 소파 레이캅 돌리기
- 욕실 꼼꼼하게 청소
- 계절 가전 관리
- 화장실 꼼꼼하게 청소 (물탱크와 노즐도)

miiiika_home 씨

가족 : 남편, 딸(8세), 아들(4세)　　사는 곳 : 단독주택　　직업 : 파트타이머

【Instagram】 miiiika_home　http://www.instagram.com/miiiika_home

청소는 기분 전환의 중요한 기회
일회용 청소 도구로 편하게

너무 열심히 하지 않고, '하는 김에 하는 청소'로 더러움이 쌓이지 않도록 합니다.
가능한 편하게 끝내고 싶어서 청소용품은 일회용을 많이 활용.
또 집을 마음에 드는 공간으로 만드는 것도 중요합니다.
깔끔하게 정리되어 있으면 유지하고 싶어집니다.

▶ 청소 원칙

100% 완벽하게 하려고 하지 않을 것. 바닥에 물건을 거의 놓지 않으려고 유의합니다. 이렇게 하면 깔끔해 보이고 매일 리셋이 간단해집니다. 또 행굴 필요없는 세제를 사용하는 등 청소 시간을 조금이라도 줄일 수 있는 방법을 생각합니다.

▶ 좋아하는 청소, 싫어하는 청소

마루 청소를 좋아합니다. 거실은 매일 로봇청소기인 룸바를 돌려서 리셋. 또 주방의 물 쓰는 곳 청소에도 힘을 기울입니다. 욕실 청소는 좋아하진 않습니다. 그렇다고 게으름을 피우면 더러움이 쌓이므로 한 달에 한번은 산소계 표백제에 담가서 리셋합니다.

Technique

청소 요령

대청소는 10월 후반부터
여유를 가지고 시작

우리 집 대청소는 10월 후반부터 시작합니다. 특히 방충망 청소 등은 추워지면 밖에 나가기 싫어지기 때문에 빨리 시작합니다. 주방, 욕실 등 장소별로 조금씩 꼼꼼히 청소해나갑니다. 매월 관리하는 것이 많아서 대청소가 힘들지 않습니다.

거실

마루 청소는 로봇청소기로 소파도 부지런히 청소

거실 리셋은 '매일 하는 최소한 청소' 중 하나. 잠들기 전에 마루의 물건을 전부 정리하고 룸바에게 맡기면 끝. 스팀청소기도 애용합니다. 아이가 바닥에 크레파스로 낙서를 했을 때는 우타마로 클리너로 닦으면 반짝반짝한 원상태로 돌아갑니다. 아이들 장난감과 소품, 그리고 왠지 모르게 모래가 쌓이는 소파도 쿠션을 치우고 정기적으로 청소합니다. 쿠션 커버도 벗겨서 자주 세탁.

다이슨 청소기로 쓰레기를 빨아들이고 파스토리제를 뿌립니다. 쿠션 밑에는 진드기 방지 시트를 깔아놓습니다.

Living Room

커튼 세탁은 환절기에

우리 집은 환절기에 커튼을 세탁합니다. 3~4월, 6~7월, 9~10월, 12월의 연 4회. 이렇게 정해두면 잊어버릴 염려가 없습니다. 커튼을 떼어내서 세탁하는 동안 커튼 레일도 잘 청소합니다. 먼지 제거에는 손잡이가 늘어나는 퀵클와이퍼를 활용.

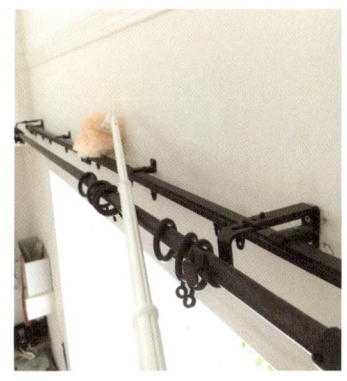

주방

세제를 상황에 맞게 활용하여
주방 리셋

싱크대 안은 식기용 세제를 짠 수세미로 문질러 닦습니다. 가끔 주방용 염소계 거품 표백제로 표백. 배수구 거름망을 교환하면 싱크대 청소는 종료. 조리대와 인덕션은 세스퀴탄산소다수로 닦은 다음 파스토리제로 닦아내서 항균. 더 확실하게 청소하고 싶을 때는 우타마로 클리너를 사용합니다. 전에는 주방용 세제로 닦아냈지만 깨끗하게 헹구는 것이 너무 힘들었습니다. 하지만 우타마로 클리너는 닦아내기만 하면 물로 씻어낼 필요가 없습니다. 키친타올을 사용합니다.

Kitchen

환풍기 위 부분은 세스퀴탄산소다수에 담갔던 키친타올을 붙여놓고 얼마간 팩합니다. 이후에 마른걸레질을 하면 반짝반짝. 전에는 일일이 닦았지만 손이 닿지 않는 곳도 있어서 힘들었습니다. 이렇게 하면 지속할 수 있을 것 같습니다.

식기세척기를 세척할 때는 구연산을 씁니다. 물때와 냄새를 간단하게 없애줍니다. 식기를 넣지 않고 구연산 3큰술 정도를 뿌린 다음, 평소대로 돌리기만 끝. 월1회 청소합니다.

침대는 15일마다 꼼꼼하게 청소

평소에는 퀵클와이퍼라는 자루걸레로 간단하게 청소. 15일에 한번 침구를 교환할 때 약간 꼼꼼하게 청소하고 있습니다. 매트리스에 파스토리제를 뿌려서 제균하고 다이슨으로 먼지와 쓰레기를 제거합니다. 마무리로 침실 전체를 스팀청소기로 걸레질합니다.

Bedroom

Closet

먼지가 잘 쌓이지 않는
매끈한 서랍을 애용

서랍은 사이드에 홈이 있는 디자인이 많아서 그것 자체를 청소하는데 의외로 시간이 걸립니다. 그래서 홈이 없이 매끈한 서랍을 구입. 라쿠텐의 리브웰(live well)에서 발견한 PLUST 베이직 시리즈를 세트로 구매했습니다.

청소 요령

Technique

쓰고 버릴 수 있는
헌 수건이 편리

걸레는 오래된 수건을 잘라서 씁니다. 일 년에 한번, 수건을 전체 교환할 때 한꺼번에 잘라서 보관. 걸레는 빨아야하는 등 관리가 귀찮지만 이것은 쓰고 버릴 수 있어서 편리합니다.

레이온 행주는 여러 가지를 사용해봤지만 생활용품 인터넷쇼핑몰인 LOHACO에서 파는 것이 가장 튼튼하다고 들어서 사용하고 있어요. 대형사이즈라 반으로 자른 다음 세 번 접어 다이소 상자에 수납합니다.

세탁조 청소

Washing Machine

세탁조 청소는
산소계 표백제와
염소계 표백제를 같이

세탁조는 월1회, 두 종류의 세제로 번갈아서 청소. 산소계 표백제는 세탁조에 들러붙어있는 때를 제거하는 힘이 강하고 염소계 표백제는 곰팡이를 분해하거나 살균작용을 높여줍니다. 산소계 표백제만으로도 충분하지만 남은 오염을 완전히 분해 살균하고 싶어서 염소계도 병용합니다.

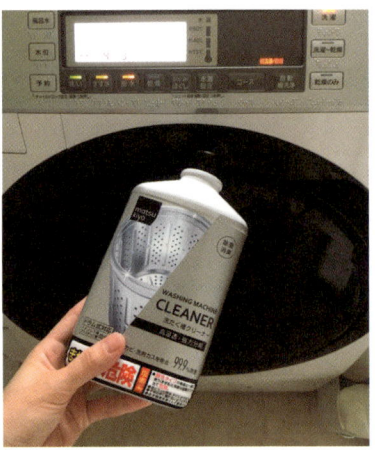

Cleaning List

청소 리스트

청소한 내용을
날짜와 함께 적어둡니다

매일, 매월의 청소는 거의 시스템화. 주방, 화장실, 세면대 등 물 쓰는 곳은 매일 리셋합니다. 주말에는 신경 쓰이는 곳을 청소. 청소 리스트는 너무 세세하게 적지 않고 격월, 매월, 가끔 실행한 내용을 날짜와 함께 노트에 적어둡니다. 가끔 노트를 보며 최근에 청소하지 않은 곳을 청소합니다.

매일 청소 리스트
- 주방 리셋
- 거실 리셋
- 화장실 청소
- 세면대 청소
- 세탁조 제균, 패킹 청소

매월 청소 리스트
- 욕조와 욕조뚜껑 등 산소계 표백제에 담가놓기
- 곰팡이 방지 훈연제
- 화장실 변기 안쪽, 변좌 표백 & 제균
- 세탁조 세척
- 식기세척기 세척

Master of Simple Life

07 / 10

스즈 씨

가족 : 남편, 아들(6세)　　사는 곳 : 아파트　　직업 : 파트타이머

【Instagram】 suzu1985　http://www.instagram.com/suzu1985

청소로 재충전하면
마음이 풍요로워집니다

전에는 청소가 너무 싫어서 어쩔 줄 몰랐었습니다.
2년 전, 인기 인스타그래머 오사요 씨의 팬이 되면서 생각이 바뀌었어요.
청소는 그저 깨끗하게만 하는 것이 아니라 생활과 마음을 풍성하게 해 주는 것.
집의 공기를 바꿀 수 있고, 마음까지 바꿀 수 있는 청소는 마법 같아요.

▶ 청소 원칙

힘을 너무 쏟으면 지쳐버리기 때문에 청소를 루틴화하여 몸에 체화되도록 하고 있습니다. 청소를 루틴으로 만들면 심한 오염을 막고 시간도 많이 걸리지 않아 금방 끝낼 수 있습니다.

▶ 특히 신경 쓰는 것

가능하면 전용세제를 쓰지 않고 청소합니다. 다목적으로 사용할 수 있는 베이킹소다. 구연산. 세스퀴탄산소다수. 산소계 표백제만으로 얼마나 많은 곳의 때를 제거할 수 있는지. 시행착오를 겪으면서 실험해보는 것이 재미있습니다. 더러움을 쌓아놓지만 않으면 이것들만으로 충분히 청소할 수 있습니다.

Goods

애용하는 도구

마음이 설레는
청소 도구를 사용

매일 해야 하는 청소를 조금이라도 쉽고 즐겁게 하기 위해서 마음에 드는 청소 도구를 모으고 있습니다. 그 하나가 mi woollies의 양모 먼지떨이. 주로 공기청정기 필터와 TV의 먼지를 제거하기 위해서 구입했습니다. 사용 후에는 바깥에 걸어놓습니다. 울샴푸로 빨 수 있어서 좋아요.

> 거실

청소기에 아로마 오일을 사용하여 동기 부여 UP

휴일에는 빈틈없이 돌리는 청소기이지만 평일에 더러움이 신경 쓰일 때는 거실만 재빨리. 마음이 영 내키지 않는 날엔 에센셜 오일을 플러스. 티슈 1장에 오일을 몇 방울 떨어뜨린 다음, 그 티슈를 구겨서 청소기로 빨아들입니다. 그러면 청소기를 돌리는 동안 배기구에서 좋은 냄새가 흘러나와 마음이 편안해집니다. 청소기를 돌린 후, 먼지통을 매번 비우는데 에센셜 오일을 뿌렸던 티슈를 버려도 향은 일주일 정도 사라지지 않아요. 무인양품의 유자&오렌지를 제일 좋아합니다.

Living Room

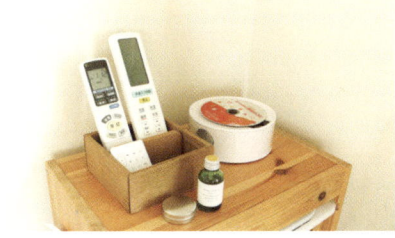

아들의 장난감을 넣어두는 IKEA 트로파스트 수납함. 아이방에도 같은 것이 있지만 장난감의 양은 여기에 넣을 수 있는 만큼으로 정했습니다. 위에는 CD플레이어와 리모콘을 둡니다. 물건의 자리를 정하면 정리가 쉬워지고 잃어버리는 일도 없어집니다.

Kitchen

거실

구연산과 베이킹소다의 거품으로
냉장고 제빙기 청소

냉장고 제빙기는 구연산과 베이킹소다로 청소. 우선 필터를 벗기고 제빙기에 물을 반 넣고 구연산&베이킹소다를 각 1작은 술씩 넣고 섞습니다. 슉슉 소리가 나기 시작하면 그대로 놓고, 나오는 물은 버리고 남은 액으로 제빙, 다음은 물로 제빙하고 얼음을 버리면 깨끗해집니다. 2주일에 한번 정도 청소합니다.

베이킹소다 페이스트로
인덕션의 눋은 자국 청소

베이킹소다와 랩과 알루미늄 호일을 준비합니다. 베이킹소다 1큰술에 물 1큰술을 섞어서 만든 베이킹소다 페이스트를 눌어 붙은 부분에 바르고 랩으로 팩. 30분 정도 방치했다가 알루미늄 호일로 문지르면 깨끗하게 떨어집니다. 인덕션 전용세제가 없어도 베이킹소다만으로도 충분합니다.

튀김을 할 때는 골판지로 기름방지막

튀김을 할 때는 기름이 튀는 것을 방지하기 위해서 골판지를 세워서 사용하고 있습니다. 인덕션이라서 화재의 걱정이 없습니다. 끝난 다음에 골판지를 버리면 끝. 주위는 세스퀴탄산소다수로 가볍게 닦아주기만 하면 됩니다. 기름때에 강한 세스퀴는 생선구이 그릴을 청소할 때도 자주 사용합니다. 손으로 문지를 필요없이 때가 잘 빠져서 좋습니다.

| 세면실 |

실리콘 코킹과 세면볼도 극세사 걸레로

토요일 아침의 루틴화된 집안일은 세면실 청소. 극세사 걸레로 세면대를 닦는데 특히 벽과 사이의 실리콘 코킹 부분 청소하기 쉽습니다. 세면볼엔 손세정제를 짜서 바르고 배수구는 칫솔로 박박. 마지막에 거울과 수도꼭지를 극세사걸레로 닦아주면 끝납니다. 베이지색 극세사걸레를 사용합니다.

Washroom

벽과 세탁기 사이는 티슈와 나무젓가락을 사용. 티슈 한 장을 나무젓가락에 둘둘 말아 고무줄로 고정, 물에 적셨다가 꾹 짜서 때를 제거합니다. 먼지도 잘 떨어집니다.

| 욕실 | *Bathroom*

'샤워 하는 김에 청소'로 욕실 관리 끝

욕실 청소는 일요일 밤에 합니다. 샤워 후 옷을 입기 전 청소하기 때문에 물 튈 걱정없이 빨리 끝납니다. 우선 바닥을 브러시로 문지르고, 벽은 더러운 부분을 간단하게 브러시로 닦습니다. 세제는 스프레이 곰팡이 방지제를 애용. 배수구는 칫솔로 닦습니다.

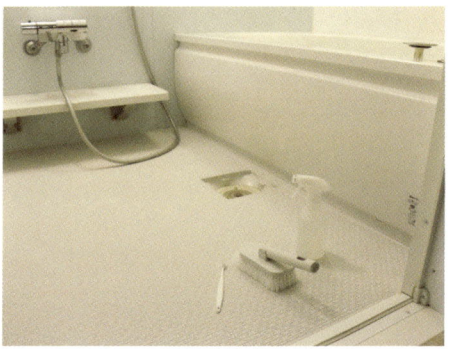

Technique

청소 요령

텔레비전 뒤 배선은 모아 깔끔하게

우리 집 TV 장식장 뒤는 이런 느낌입니다. 남아있는 부분의 배선을 둘둘 말아 후크에 걸어두는 것만으로도 마루가 깔끔. 전에는 마루에 떨어져있어서 먼지가 쌓이기 쉬웠지만 이렇게 하니 청소기를 돌리는 것이 정말 편해지고 스트레스가 사라졌어요. 고리는 다이소 상품입니다.

양말은 버리기 전에 물걸레질

구멍난 양말을 처분하기 전에 양말로 물걸레질을 합니다. 물걸레질은 게으름뱅이인 저에겐 가장 귀찮은 청소라서 정말 힘이 많이 듭니다. 그래서 계기가 없으면 청소하려는 마음이 생기지 않습니다. 하지만 이 규칙을 정한 후부터는 시작하기까지의 장벽이 낮아졌어요.

도마는 자석으로 공중에 띄워놓습니다

청소를 가능한 편하게 할 수 있도록 물건을 바닥에 그냥 놓지 않을 수 있는 방법을 고심합니다. 주방 도마도 벽에 붙인 자석 클립을 사용해서 수납. 도마 거치대에 세워놓았을 때는 조리대를 닦을 때 옮겨야 해서 귀찮았지만 이렇게 했더니 정말 편해요. 한 개에 100엔으로 가성비도 좋습니다.

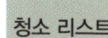
청소 리스트

주말에 집중 청소하기

요일별로 어떤 청소를 할지를 정해둡니다. 금토일에 집중해서 실행. 금요일 저녁은 주방 싱크대. 수세미에 주방용 세제를 짜서 싱크와 음식물 분쇄기를 닦습니다. 토요일은 세탁기를 돌리고 그 다음은 세면실 청소, 청소기 돌리기, 현관&화장실 청소를 합니다. 침실의 꼼꼼한 청소는 월1회입니다.

매일 청소 리스트
- 주방 리셋
- 욕실 배수구 청소
- 욕조 청소
- 화장실 휴지걸이 닦기

매주 청소 리스트

【 금요일 밤 】
- 주방 싱크대 닦기

【 일요일 】
- 욕실 청소

【 토요일 】
- 세면실 청소
- 세탁기 돌리기
- 공기청정기 필터 청소

- 현관 청소
- 화장실 청소

매월 청소 리스트
- 침대 건조기 돌리기, 청소기 청소
- 침대매트 말리기, 방향 바꾸기
- 마루 물걸레질
- 가구, 창틀 물걸레질

Cleaning List

NO2

Master of Simple Life
08 / 10

nozo 씨

가족 : 남편, 딸(6세), 아들(2세)   사는 곳 : 단독주택   직업 : 육아휴직 중

【Instagram】 noz__ie http://www.instagram.com/noz__ie

가족의 건강을 지키는 청소
서툴지만 열심히 노력합니다

청소에 서툰 편이지만 최소한의 청소만은 자동으로
끝낼 수 있도록 생활 속에 끼워 넣고 있습니다.
'생활하면서 기분이 나쁘지 않다', '아이들이 이곳에서 놀아도
신경쓰이지 않는다'는 것이 청소의 기준입니다.

▶ **좋아하는 청소, 싫어하는 청소**

주방 주변을 청소하는 것을 좋아합니다. 가장 오래 있는 장소이므로 깨끗하면 기분이 좋습니다. 싱크대는 매일 밤 닦아서 반드시 리셋. 반대로 싫어하는 것은 화장실 청소. 여전히 서툴지만 기분이 나쁘지 않을 정도의 청결을 유지하려고 노력하고 있습니다.

▶ **특히 신경 쓰는 것**

재빨리 정리할 수 있는 환경을 만드는데 가장 공을 들입니다. 아이가 있어 순식간에 집안이 어질러지고 느긋하게 정리할 시간도 없습니다. 그래서 청소의 장벽을 조금이라도 낮춰두고 싶습니다.

Motivation Up

손님 초대에 맞춰
청소 마감일 정하기

동기 부여
UP

청소가 하기 싫을 때 가장 효과적인 것은 집에 손님을 초대하는 것입니다. 이렇게 하면 우선 청소 완료까지 마감일이 설정되고 손님의 시선으로 청소를 하려고 애쓰기 때문에 집이 아주 깨끗해집니다. 정기적으로 홈파티를 열거나 아이 친구 엄마들과 모임을 하는 등 손님이 올 기회가 많아서 동기 부여에 좋아요.

Living Room

거실

▼ Before

TV 장식장을 벽에 매달아 바닥 청소를 편하게

새 텔레비전으로 바꾸면서 TV 장식장을 벽에 매달았습니다. 지금까지는 TV 장식장 없이 텔레비전을 그냥 바닥에 놓고 보았습니다. 이번에 TV를 위로 올렸더니 청소가 편해지고 공간도 넓어 보입니다. 동네 가구점에서 주문 제작.

▼ After

청소기 & 자루걸레는 자질구레한 물건과 함께 창고에

자루걸레는 자루에 끈을 달아 세면실 창고에 걸어서 수납합니다. 마른 청소포 재고도 이곳에. 걸레를 부착하기 쉬운 카인즈의 상품을 애용하고 있습니다. 청소기는 다이슨 핸디 타입. 충전코드나 부속품은 꺼내기 쉽도록 청소기 옆에 있는 철제바구니에 넣어둡니다.

Kitchen

주방

디자인과 가성비 모두 잡은 설거지 용품

설거지에 빼놓을 수 없는 스펀지와 세제. 쓰기 편한 물고기 모양 스펀지는 더러움이 가장 눈에 띄지 않는 검정색이라 애용 중입니다. 세제는 야자유로 만든 야시노미 세제로 바꿨습니다. 속에 있는 팩째로 리필을 바꾸는 스타일이라서 병을 닦을 필요가 없어서 좋습니다. 흰 보틀 디자인도 귀여워서 마음에 들어요.

침실

빠진 머리카락이나 작은 이물질은 일어나자마자 치우기

침실 벽에는 테이프 클리너와 휴지통 티슈 케이스를 걸어 놓습니다. 매트나 베개에 붙은 머리카락을 일어나자마자 재빨리 클리너로 청소하는 것은 기분 좋은 일입니다. 잠들 때와 일어날 때는 평소보다 움직임이 둔해서 손 닿는 곳에 필요한 것이 있으면 청소하기 쉬워져요.

Bedroom

잠들기 전에 아이에게 꼭 그림책을 읽어주기 때문에 침대 가까이에 그림책 책장을 설치. 제법 무겁지만 캐스터가 달려있어서 이동과 청소가 간단합니다. 라쿠텐에서 구입. 얇아서 자리를 많이 차지하지 않는 것도 마음에 듭니다.

벽에 구멍을 뚫지 않는 '벽미인'이라는 스탬플러 타입에 후크를 달고 세리아의 플라스틱 용기를 매달았습니다. 쓰레기를 버릴 때도 통째로 빼서 가지고 갈 수 있어서 편리. 클리너는 tidy의 상품입니다.

세면실

물 쓰는 곳에 청소 도구를 두면 편리

사용할 장소, 눈에 잘 띄는 위치에 청소 도구를 놓아두면 청소의 장벽이 낮아집니다. 매일 청소하는 세면실은 배수구용 솔을 세탁기 옆에 달아놓았습니다. 바로 꺼낼 수 있고 사용한 다음에는 원래대로 걸어놓으면 자연스럽게 마릅니다. 세면대에는 물방울을 닦는 극세사 걸레를 두는 곳을 만들었습니다. 사용한 사람이 각자 사용 후에 청소. 6살 딸도 함께 실천하고 있습니다.

Washroom

배수구 커버는 이틀에 한번 교환

세면대 배수구에는 구연산 + 페퍼민트 오일을 매일 밤 뿌립니다. 거기에 캔두의 배수구 커버를 사용합니다. 머리카락 청소를 하는 것이 힘들었지만 이것을 사용하면서 버리기 쉬워졌습니다. 여러 균일가숍에서 팔고 있는데 캔두는 두께감이 있어서 하나를 3개로 잘라서 사용할 수 있습니다. 한봉지에 12개가 들어있어 1년간 계속 사용해도 5봉지로 충분합니다.

베란다

고리가 있는 슬리퍼라면
관리할 필요가 없습니다

베란다용 슬리퍼는 방치하면 안에 물이나 모래먼지가 쌓여서 더러워지는 것이 신경쓰였습니다. 그러다가 발견한 것이 걸 수 있는 욕실용 슬리퍼. 뒤꿈치 부분이 고리로 되어있어서 빨래 건조대에 걸어둡니다. 바닥도 깔끔. 집안일이 하나 줄었습니다.

Veranda

청소 분담

부부가 함께 나눠서 하는 청소

남편은 월1회에서 1년에 2~3번 하는 큰 청소를 담당합니다. 월1회 욕실곰팡이 방지를 위한 꼼꼼한 청소, 배수구 청소, 연 2회 정도의 환기구 청소, 커튼 세탁 등입니다. '이것은 남편만 할 수 있다'라는 것을 지키고 싶어서 남편이 담당하는 청소에 저는 전혀 참견하지 않습니다. 매일매일의 집안일 중에는 정원 손질, 세탁물 개기, 쓰레기봉투 내놓는 일도 합니다. 마루 청소는 빨리 일어난 사람, 욕실 청소는 마지막에 들어간 사람이 하는 것으로 정했습니다.

Cleaning

Sharing

청소 요령

바닥 청소가 편해지는 DIY

바닥에 가능한 물건을 놓지 않는 것이 청소를 편하게 하는 비결. 침실에 있는 가습기에 캐스터가 달린 밑판을 만들었어요. 캐스터가 달려있어 한손으로 밀어도 간단하게 움직일 수 있어 청소가 쉽습니다. 무거워서 움직이는 것이 힘들었던 코트 걸이도 철거하고 벽에 다는 행거랙을 DIY.

Technique

Cleaning List

매일 청소 리스트
- 세면대 청소
- 마루 청소
- 침대 먼지 제거
- 세면대 배수구 커버 교환(격일)
- 욕실 청소
- 화장실 간단 청소
- 주방 싱크대 리셋

매주 청소 리스트
- 바닥 물걸레질
- 먼지 제거를 위해 걸레질
- 배수구 꼼꼼하게 청소
- 화장실 꼼꼼하게 청소

매월 청소 리스트
- 매트리스 청소기 돌리기(월 1, 2회)
- 현관 꼼꼼하게 청소
- 패브릭 가구 닦기

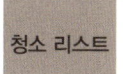
청소 리스트

생활의 흐름 속에서 무의식적으로 청소합니다

아침에 일어나자마자 마루의 먼지를 제거합니다. 자기 전에 층계 밑에 자루걸레를 세팅해놓고 침실로 올라가고 아침에 기상 후, 제일 먼저 1층 전체를 자루걸레질합니다. 아침 시간에 5분도 채 걸리지 않아 카페트 이외의 마루 청소가 끝나기 때문에 가장 마음에 드는 청소 습관입니다. 습관이 되면 쉽게 청소할 수 있습니다.

Master of Simple Life

09 / 10

isabel13ok 씨

가족 : 남편, 아들(2세)　　사는 곳 : 단독주택　　직업 : 파트타이머

【Instagram】 izabel13ok http://www.instagram.com/izabel13ok

청소는 집의 옷차림
효율적인 시스템이 중요해요

청소는 가족이 안심하고 쾌적하게 살아가기 위한 최소한의 환경을 만드는 것.
집의 옷차림을 단정하게 하는 것이지요.
'하는 김에 청소', '80% 정도의 느슨한 청소' 등 몇 가지 룰을 정했습니다.
느슨하고 편하게 청소를 하고 '꼭 해야만 한다'라고 너무 몰아세우지 않으려고 합니다.

▶ **좋아하는 청소, 싫어하는 청소**

사실은 전부 좋아하지 않습니다. 하지만 특히 물 쓰는 곳 청소가 힘들어요. 곰팡이 대책에도 고심하고 있습니다. 싫어하는 청소를 제일 먼저 해버리려고 합니다. 좋아하는 것은 정리, 수납 재편성, 리셋. 청소의 개선 방법과 시간을 줄일 수 있는 아이디어를 내는 것도 좋아합니다.

▶ **특히 신경 쓰는 것**

역시, 물 쓰는 곳의 청소. 곰팡이와 잡균이 무서워서 늘 위생적으로 유지하고 싶은 장소입니다. 세면실은 아침에 일어나자마자 청소. 청결을 철저하게 유지합니다. 다음은 바닥 청소. 아이가 아직 어리기 때문에 신경을 많이 쓰고 있어요.

Technique

청소 요령

청소를 지속하기 위한
나만의 규칙

'80% 정도의 느슨한 청소', '우선 순위대로 틈새시간에 처리한다', '시간 단축 & 효율 중시', '싫은 청소를 제일 먼저 한다', '모아두지 않는다', '아이 시선에서 완성 체크'. 이 6가지를 늘 유의하고 있습니다. 청소는 매일 하는 일. 최소한의 청소를 지속하는 것이 중요. 워킹맘이라 청소에만 시간을 쓰지 않으려고 합니다.

거실

매일 오전 청소기를 돌리고
이틀에 한번은 바닥을 닦습니다

오전 중에 마키타 청소기를 재빨리 돌립니다. 물걸레 로봇청소기 브라바(Braava)에게 외출하기 전에 의자 등을 전부 위로 올리고 마루청소를 맡깁니다. 가구 아래쪽까지 정성껏 닦아주어서 정말 큰 도움이 됩니다. 세세한 청소는 다이슨으로 합니다. 이불 클리너로도 씁니다. 충전기는 IKEA의 흰색 캐비닛에 수납. 집에 있을 땐 아이와 잡기놀이를 하는 등 놀면서 걸레받이를 물티슈로 닦습니다. 아이들 눈높이에서 보면 더러운 부분이 잘 보입니다.

Living Room

텔레비전 뒤쪽은
자석 + 배선탭으로 정리

텔레비전 뒤쪽을 청소하기 쉽게 아이디어를 냅니다. 캐비닛에 자석 클립을 붙이고 배선탭을 붙여 놓았습니다. 코드류가 깔끔하게 정리되어 마루에 닿지 않기 때문에 청소기를 미는 것이 수월해졌습니다. 또 아이들 손에 닿지 않습니다. 캐비닛 안의 전원에는 청소기 충전기를 연결하고 자석클립으로 배선을 고정.

세리아 클린저와 스펀지로 싱크대 리셋

주방

주방 싱크대 청소는 주1회 꼼꼼하게. 월요일이 쓰레기를 버리는 날이라 전날인 일요일 밤에 싱크대 안을 청소합니다. 싱크대 청소에 하이홈을 사용하는 사람이 많지만 저는 세리아의 클린저를 애용. 부드러워서 다루기 쉽습니다. 가끔은 스테인리스 클리너를 사용해서 코팅도 합니다.

프라이팬의 때가 신경쓰일 때도 세리아의 클린저로 문지르면 깨끗해집니다. 문지른 스펀지는 쓰레기 버리는 날에 새로운 것으로 교체. 주방용품은 세리아 물건이 우수해서 그레이색 스펀지 5개 세트를 애용하고 있습니다.

Kitchen

시간 절약되는 '씻어 나온 쌀'을 애용

씻어 나온 쌀을 먹고 있습니다. 씻을 필요없이 그대로 전기밥솥에 넣으면 끝. 설거지도 줄고 개수대 오염도 줄어듭니다. 개봉한 것은 모두 식품보관용 비닐에 약 800g씩 계량해서 냉장고 채소칸에 보관. 칸막이는 다이소의 종이 봉투를 사용해서 안이 더러워지지 않도록 합니다.

세면실

청소하기 싫은 물 쓰는 곳 청소는 세탁하자마자 끝냅니다

아침에 가장 먼저 하는 일은 세탁물 정리와 세면실 청소. 싫어하는 일이라 아침에 일어나자마자 끝내버립니다. 세탁기는 밤 사이에 돌리고 건조까지 해둡니다. 최우선으로 하는 집안일은 세탁물 정리. 가족들이 일어나기 전에 마무리합니다. 세면대에 상비되어 있는 물티슈와 파스토리제로 세탁기의 먼지와 물기를 닦습니다. 세탁조 안의 패킹도 꼼꼼하게. 세탁기 거름망도 매번 닦아서 말립니다.

Washroom

세면실을 청소하는 김에 욕실 문의 새시를 닦아줍니다. 무인양품 테이프클리너로 세면실 전체 머리카락이나 먼지를 제거하는 간단 청소를 합니다. 청소용품도 무인양품의 걸이에 걸어둡니다.

화장실

청소 도구는 바로 꺼낼 수 있는 장소에

매트는 깔지 않고 휴지통과 청소포는 변좌 옆에 설치한 서랍 안에 두었습니다. 청소용 솔은 물탱크 옆에 걸어둡니다. 화장실용 알코올 제균제는 바로 쓸 수 있도록 창가에 놓습니다. 물탱크 속엔 5년 간 교환할 필요가 없는 '케미프리'라는 세제를 사용.

Lavatory

이불 건조는 주1회
매트리스는 특히 정성껏

토요일, 장보러 가는 동안 이불 건조기를 세팅. 더블사이즈에 맞는 타입입니다. 우리 집은 요보다 매트리스를 중점적으로 말립니다. 방수 시트, 제습매트와 매트리스 사이에 노즐을 넣고 건조 & 진드기 코스로 세팅. 아이 침대와 이불도 같은 방법으로 건조시킵니다. 끝난 후에는 다이슨 이불 전용툴로 진드기와 먼지를 흡수합니다. 덕분에 매트리스 곰팡이도 없고 제습 패드도 매주 깨끗하게 말릴 수 있어요.

침실

Bedroom

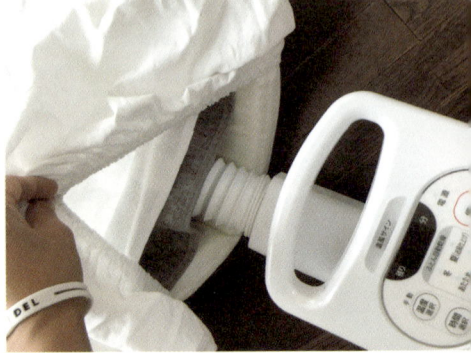

이불은 매일 아침 기상 후에 3층 계단 부분에 널어서 말립니다. 그리고 자기 전에 다시 침실에 갖다놓습니다. 빨았을 때도 이곳에 널어서 건조. 길이가 있어서 넉넉하게 말릴 수 있습니다.

Technique

청소 요령

세제 리필은
통을 완전히 말린 다음에

밤에 빈 용기를 씻어서 말리고 잡니다. 다음날 아침 건조된 것을 확인한 다음 리필을 채워 넣습니다. 그냥 놓으면 바닥에 물이 고여서 청소가 귀찮기 때문에 랙에 올려놓습니다. 라벨기로 라벨링했습니다. 브러시는 무인양품에서 구입. 좁은 입구의 병도 씻을 수 있어 마음에 들어요.

쓰레기통엔 포장지를 깔아서
더러움 방지

온라인쇼핑몰의 택배에 딸려오는 포장용 종이를 쓰레기통 밑에 깔아둡니다. 전에는 쓰레기통마다 쓰레기봉투에서 액체가 흐르는 등 더러워져서 청소가 귀찮았습니다. 이것을 시작한 이후부터 이런 일이 줄었습니다. 이 종이는 인덕션의 기름 튀김 방지에도 사용합니다.

3층으로 올라가는 계단 벽에
청소 도구 걸기

3층으로 올라가는 계단 벽에 청소 도구를 매달아 놓았습니다. 청소하고 싶을 때 재빨리 손에 잡히는 장소라서 의외로 편리. 마키타 청소기, 휴지통으로 쓰고 있는 종이봉투를 걸어놓습니다. 아이 가방도 여기에. 바와 고리는 IKEA에서 구입.

Chapter_01

K

Master of Simple Life

10 / 10

쿠미 씨

가족 : 남편   사는 곳 : 단독주택   직업 : 주부

【Instagram】 qu_miiiiiii http://www.instagram.com/qu_miiiiiii

우선은 보이는 곳을 깨끗하게
청소가 쉬워지는 환경을 만듭니다

우선 보이는 곳, 내가 신경 쓰이는 곳을 청결하게 하려고 합니다.
더러움을 쌓아두지 않는 것도 중요하지만 청소를 계속할 수 있도록 하는 것이
더 중요해요. 우선은 보이는 곳을 깨끗하게 치웁니다.
청소용품은 청소할 장소와 가까운 곳에 두어 청소하기 쉽도록 합니다.

▶ 당신에게 있어 청소란

청소는 깨끗하게 하는 것이 목적이 아니라 매일매일 생활을 쾌적하게 만드는 것이라고 생각합니다. 매일, 깨끗하게 정리된 공간에서 생활하면 마음이 홀가분해집니다. 평범한 날이라도 기분 좋은 긴장감을 갖고 살아갈 수 있게 해주는 것이 바로 청소입니다.

▶ 좋아하는 청소, 싫어하는 청소

좋아하는 것은 주방 청소. 밤에는 반드시 싱크대의 물 튀김을 닦아내는 등 리셋합니다. 싫어하는 것은 욕실 청소. 하기 싫기 때문에 더러움이 쌓이지 않도록 욕실에서 나온 다음 머리카락이나 거울의 물기를 매일 제거하는 것을 습관으로 만들었습니다.

Technique

청소 요령

더러움을 쌓아두지 않고
매일 조금씩 깨끗하게

'더러워지면 청소한다'가 아니라 '깨끗한 상태를 유지한다'는 것을 목표를 매일 조금씩 청소를 합니다. 더러움을 방치하면 할수록 없애는데 시간과 수고도 배로 늘어납니다. 그럴 때마다 청소가 괴로워지고 의욕도 사라지지요. 알아챘을 때 조금씩. 이렇게 하면 특별히 힘들일 필요도 없고 대청소까지 하지 않아도 됩니다.

거실

Living Room

청소기를 돌린 후에
자루걸레 + 일회용 행주로
물걸레질

다이슨 청소기는 2~3개월마다 분해 청소. 더스트 박스는 물청소할 수 있지만 사이클론 부분은 불가능하므로 꽉 짠 수건으로 먼지와 쓰레기를 닦아냅니다. 구석구석까지 깨끗해지면 배기도 좋아집니다.

거실은 매일 청소기를 돌리고 자루걸레와 일회용 행주를 사용해서 물걸레질합니다. 원목은 물걸레질을 하면 수분이 스며들어서 마루가 휘는 원인이 된다거나 물걸레 청소포에는 약품처리가 되어있어서 마루가 변색될 가능성이 있다고 들어서 꽉 짠 일회용 행주를 사용합니다.

가습 공기청정기도 마찬가지로 정기적으로 관리. 필터와 뺄 수 있는 패널의 먼지는 청소기로 빨아들입니다. 가습 기능을 자주 사용하는 가을과 겨울에는 구연산을 녹인 미지근한 물에 가습 필터를 담가두었다가 닦아줍니다. 한 달에 한번은 진행합니다.

주방

싱크대는 매일 리셋
월1회 통째로 씻기

간단한 리셋은 매일 밤에 하지만 월1회는 싱크대를 통째로 담가둡니다. 60도 뜨거운 물에 산소계 표백제를 2스푼 넣고 거품을 냅니다. 식기건조대, 냄비 등 스테인리스 제품을 전부 모아서 담그고 몇 시간 둡니다. 인덕션은 매번 파스토리제로 닦아냅니다. 눌어붙은 자국은 심해지기 전에 뭉쳐서 둥글게 만든 랩에 하이홈을 발라서 문질러줍니다.

레인지후드 청소도 월1회. 마찬가지로 산소계 표백제에 담갔다가 스펀지나 솔로 문질러서 헹궈줍니다. 기름때는 오래 두면 시간이 걸리기 때문에 끈적거리지 않아도 청소합니다.

Kitchen

주방 세제는 좋아하는 향으로

설거지할 때 사용하는 것은 머치슨 흄의 주방세제. 화이트 그레이프 후르츠향은 마음에 위안이 됩니다. 손세정제는 COOLONY 20139의 비타 오렌지 & 제라늄. 병도 세련되고 가격도 적당해서 좋아합니다. 패브릭 미스트와 유리세정제도 이 회사의 것을 사용합니다.

Chapter_01   64

파스토리제로
벽과 천장 곰팡이 관리

욕실을 꼼꼼하게 청소할 때는 장소별로 청소 주기를 정합니다. 물때가 생기기 쉬운 수전과 샤워헤드는 일주일에 한 번. 배수구와 벽, 천정도 주 1회입니다. 욕조는 산소계 표백제에 담그기, 욕조 배관, 바닥은 격월. 수전은 하이홈으로 닦아냅니다. 샤워헤드 구멍 주변의 석회때는 내추럴 클리닝으로 제거하는데 구연산을 녹인 미지근한 물에 약 1시간 담갔다가 거기에 베이킹소다를 넣습니다. 천정은 자루걸레에 파스토리제를 뿌려서 닦아냅니다.

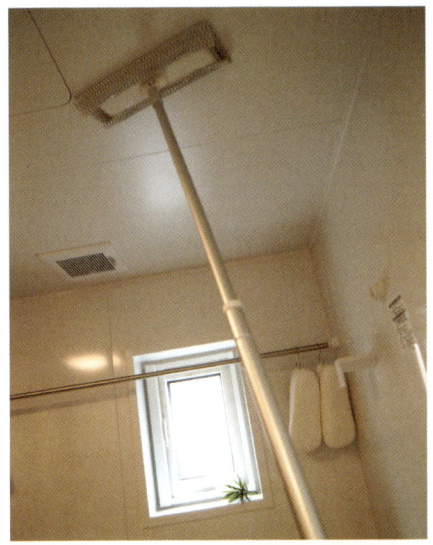

Bathroom

Washing

버티칼 블라인드 탈수는
세탁기에서

버티칼 블라인드는 보통 먼지떨이로 먼지를 털지만 너무 더러워졌다면 손세탁. 슬랫을 10개 정도씩 모아서 날개걸이를 중심으로 말고 끈으로 묶은 다음, 풀리지 않게 망에 넣습니다. 탈수는 2분 정도. 주름이 생기지 않도록 자연 건조시키면 원래대로 돌아옵니다.

column ① 라벨로 동기 부여 UP

>>> **miiiika_home 씨**
(@miiiika_home)

스마트폰앱으로 디자인
영어와 일본어를 같이

Phonto라는 스마트폰앱에서 만듭니다. 디자인을 중요하게 생각하지만 영어라벨 윗부분에 일본어 표기를 붙여서 가족이 사용하기 쉽도록 고려. 주방 등에서 사용하는 것은 방수 스티커로 만듭니다.

>>> **MARI 씨**
(@mari.s.home)

프리소프트 활용
디자인은 직접 골라 만듭니다

'라벨야상 9'라는 프리소프트를 활용. 여러 가지 디자인이 있는데 폰트나 프레임은 직접 고릅니다. 질리지 않도록 심플한 디자인으로 엄선합니다. 라벨스티커는 고광택 화이트 방수 타입.

>>> **fuminco 씨**
(@ie_koto)

나무집게를 라벨로 이용
패브릭 상자에도 붙일 수 있습니다

세리아의 나무집게를 애용 중입니다. 집게라서 패브릭 수납상자부터 골판지로 된 박스까지 어디든 사용할 수 있습니다. 내용물이 바뀌면 바꿔서 집어 주면 되므로 간단. 표면에는 가정용 라벨기로 만든 투명 라벨을 붙였습니다.

>>> **쿠미 씨**
(@qu_miiiiii)

인스타그래머의 멋진 나눔을
활용하고 있습니다

팔로우하고 있는 인스타그래머인 safaiapo925 씨의 무료 디자인 나눔을 사용하고 있습니다. 병에 붙이는 스타일로 세탁, 욕실, 화장실용 라벨을 같은 디자인으로 맞출 수 있습니다. 물에 젖어도 상관없는 방수 라벨 스티커를 고르는 것이 요령.

>>> **SHOKO 씨**
(@4696mono1222_shoko)

디자인은 simple is best

라벨회사에서 제공하는 무료 라벨 소프트를 사용합니다. 템플릿도 있지만 필요한 사이즈를 재서 딱 맞게 붙입니다. 디자인은 일단 심플할 것. 또 수납별로 같은 디자인을 선택하여 통일감이 생기도록 합니다. 냉장고 안은 [bread], [egg], [morning] 등 장르별로 대충 분류한 다이소 박스에 라벨을 붙여서 알아보기 쉽게 하였습니다.

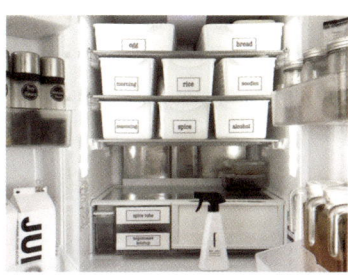

>>> **kaori 씨**
(@kaori.y.t)

엑셀이나 워드로 직접 만들어요

엑셀이나 워드소프트로 쉽게 만들어 씁니다. 좋아하는 그림을 넣고 싶을 때는 붙여넣기합니다. 깔끔하게 보이려면 심플한 디자인을 고르는 것이 좋습니다. 스티커는 여러 번 붙였다 떼었다 할 수 있는 지국이 잘 안 남는 것으로 고릅니다.

>>> **chiaki 씨**
(@k.h.s.0906)

마스킹테이프 위에 투명라벨

이 박스에는 마스킹테이프 위에 가정용 라벨기로 만든 투명라벨을 붙였습니다. 박스도 라벨도 깔끔하게 보이는 흰색, 검정색, 그레이가 기본. 마스킹테이프를 밑에 붙여놓았기 때문에 라벨을 떼어낼 때 상자가 찢어지지 않습니다.

CHAPTER 02

공간별 청소와 정리 아이디어

Kitchen

싱크대 주변 청소

kanaria 씨(@kanaria_ouchi)

매일 밤 리셋은 수세미와 레이온 행주로

세제와 수세미로 싱크대 안, 배수구 뚜껑, 배수구망, 배수구 등을 닦습니다. 매일 닦기 때문에 수세미만으로도 깨끗해요. 배수구망은 세척 후 식기세척기에 넣고 다른 식기들과 함께 다시 닦습니다. 뚜껑은 식기건조기 옆에 기대 세워서 건조. 수전은 레이온 행주로 물걸레질한 후, MQ-Duotex의 극세사행주로 닦아냅니다. 이것이 주방 리셋의 마지막 단계. 이제 매일 습관이 되었습니다.

kanaria 씨(@kanaria_ouchi)

산소계 표백제에 담가둘 때 주방세제도 몇 방울

산소계 표백제 2큰술과 50~60도 뜨거운 물을 싱크대에 가득 담고 하룻 밤 그대로 둡니다. 기름때가 신경 쓰일 때는 주방 세제도 2~3방울 추가하면 무척 깨끗해집니다. 배수구망을 비닐봉지에 넣어서 마개대용으로 사용합니다.

인조대리석 상판도 통째로 세척

스펀지에 주방세제를 묻히고 60도 뜨거운 물에 녹인 산소계 표백제를 기품 내서 문지릅니다. 잠깐 두었다가 가볍게 물을 짠 수세미로 거품을 흡수, 닦아냅니다. 소스 등으로 인한 착색도 해결.

유키탄 씨(@yukitan_home)

흰색 수지 싱크볼은 5배 희석한 주방용 염소계 표백제로 표백

우리 집 새하얀 수지 싱크볼을 깨끗하게 유지하는 염소계 표백제 5배 희석 청소법. 싱크볼 전체에 키친타올을 깔고 5배로 희석한 염소계 표백제를 잠길랑 말랑하게 넣습니다. 마르지 않도록 랩을 덮고 1~2시간 방치. 배수구 미끈거림 방지에도 효과적입니다. 통조림 캔을 싱크볼에 그냥 뒀다가 생긴 녹도 이것으로 해결. 랩을 씌우고 방치하는 것까지는 똑같고 염소계 표백제를 흡수시킨 키친타올로 랩 위에서 문지르면 간단하게 녹이 제거됩니다.

pyokopyoko 씨(@pyokopyokop)

싱크대를 닦았으면 수건으로 물기 제거

저녁에는 주방을 리셋. 반드시 꼼꼼하게 진행합니다. 행주로 식탁, 인덕션과 조리대를 닦습니다. 튀김처럼 기름이 튀는 요리를 한 날은 세스퀴탄산수를 스프레이. 마지막으로 바닥도 닦고 행주를 항균&표백합니다. 배수구와 배수구망을 닦았으면 하루 동안 손을 닦았던 주방용 핸드타월로 물기를 닦아냅니다. 스펀지는 마지막에 파스토리제를 뿌려서 조물조물 제균. 같은 핸드타월로 수분을 꽉 짜줍니다. 거기까지 끝났으면 핸드타월은 세탁기로.

Kitchen

싱크대 주변 청소

kaori 씨(@kaori.y.t)

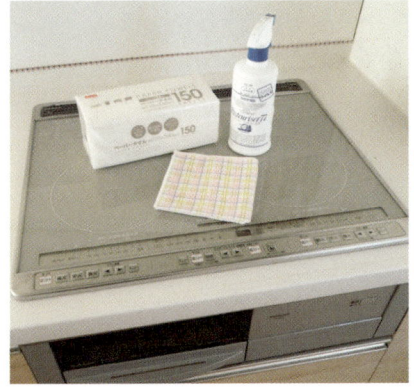
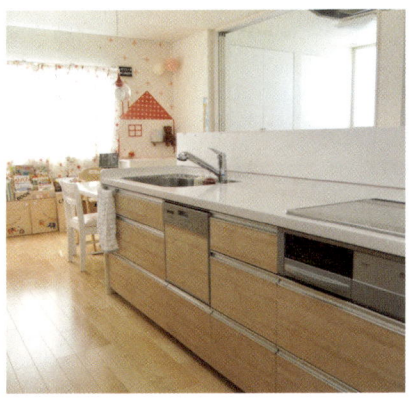

인덕션 사용 후 키친타올로 바로 닦기

인조대리석 조리대 상판에 파스토리제를 뿌리고 키친타올로 닦습니다. 다음은 같은 키친타올로 인덕션을 닦습니다. 아직 뜨거울 때는 키친타올 위에 마른 행주를 겹쳐서 닦습니다. 때가 잘 떨어지는 조리 직후에 하는 것이 비결. 1분 정도면 끝나므로 먹기 전에 여기까지 해놓으면 편합니다.

s.k.m.f 씨(@s.k.m.f)

배수구는 구연산과 베이킹소다로 청소

주1회 배수구를 청소합니다. 우선 미지근한 물에 구연산을 적당량 녹입니다. 배수구에 베이킹소다를 뿌린 후, 구연산수를 빙 돌리며 뿌려주면 끝. 그대로 하룻밤 방치해두면 탄산가스가 발생해서 더러움과 냄새를 잡아줍니다. 베이킹소다와 구연산은 무인양품 바스솔트용 리필 용기에 담아서 싱크대 아래에 수납합니다.

치비카오 씨(@___k___319)

음식물 쓰레기를 신문지에 싸 두면 냄새가 나지 않습니다

음식물 쓰레기는 신문지에 싸 두면 신문지가 수분을 흡수하고 밀폐 효과가 있어서 냄새가 새는 것을 방지합니다. 싱크대는 낡은 스펀지와 주방세제로 통째로 닦기. 그 다음은 세리아의 다목적 클린저와 멜라민 스펀지로 물때를 벗겨냅니다. 세리아 세제는 부드러워서 잘 펴지기 때문에 문지르기 쉽습니다. 지은 지 25년 된 집이므로 오래된 때도 벗겨지도록 식사를 마치면 반드시 청소합니다. 마지막은 극세사 행주로 닦아냅니다.

chaki 씨(@k.h.s.0906)

a.r.r.y 씨(@2___a___4)

수세미는 일주일에 한번 교환

주방을 꼼꼼하게 청소하는 것은 매주 일요일 아침. 수세미로 싱크대와 배수구망 등을 꼼꼼하게 닦습니다. 끝났으면 이 타이밍에 새로운 수세미로 바꿉니다. 일주일 정도면 마모도 신경 쓸 필요가 없습니다. 다이소에서 4개에 108엔. 가격도 적당합니다.

주1회 주방 꼼꼼히 닦기

매일 일하는 주방이므로 평소에 하는 청소 + 주1회는 꼼꼼하게. 우타마로 클리너와 스펀지로 닦고 극세사 타월로 거품을 제거합니다. 그 다음, 파스토리제를 뿌린 다음 닦아내면 반짝반짝한 주방이 되어 기분이 좋습니다.

Kitchen

싱크대, 인덕션, 가스레인지

a.r.r.y 씨(@2__a__4)

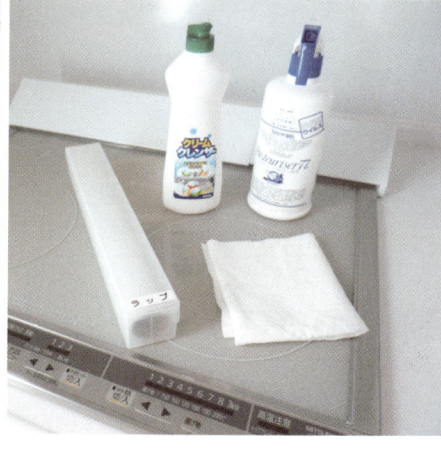

랩으로 문지르면 눌어붙은 것이 깨끗하게 떨어집니다

인덕션 청소에는 크림 클린저, 파스토리제, 랩, 키친타올을 사용합니다. 인덕션에 크림클린저를 묻힌 다음 랩으로 전체로 펴가면서 문지릅니다. 이렇게 해서 올라온 때는 키친타올로 제거하고 파스토리제를 스프레이. 마지막에 극세사 타월로 닦아냅니다. 이렇게 하면 눌은 자국도 없어지고 반짝반짝해집니다. 빨아서 쓰는 키친타올은 청소에 최적.

치비카오 씨(@__k__319)

pyokopyoko 씨(@pyokopyokop)

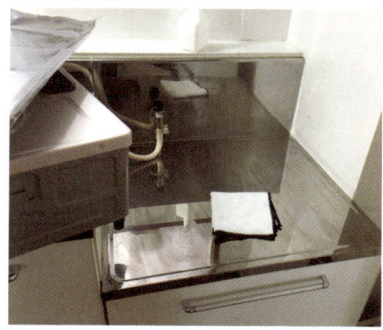

가스레인지 청소는
알칼리 전해수 클리너로 월 1~2회

가스레인지 청소는 기름때에 강한 알칼리 전해수 클리너로. 가스레인지 위를 닦았으면 가스레인지를 이동시켜서 시트와 가스레인지대도 걸레질. 이렇게 해서 먼지 등도 제거합니다. 삼발이는 식기를 닦을 때 매번 함께 닦습니다.

쓰지 않는 것은 집어넣기

물을 다 끓였으면 주전자는 헹궈서 물기를 닦은 후 바로 제자리에 넣습니다. 이렇게 하면 조리 중에 기름이 튀어서 주전자가 더러워지지 않고 조리 후에 인덕션 청소도 편합니다. 또 요리젓가락과 국자는 조리대가 더러워지지 않도록 스테인리스제 트레이에 한데 모아서.

kaori 씨(@kanaria_ouchi)

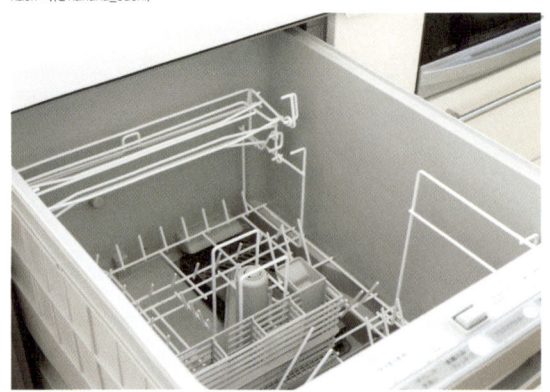

구연산과 산소계 표백제로 번갈아가면서 세척

식기 외에도 배수구멍을 닦는 등 매일 가동되는 식기세척기. 당연히 더러움도 쌓이고 있으므로 빈 상태에서 구연산 또는 산소계 표백제를 넣고 작동시킵니다. 구연산은 물때, 산소계 표백제는 기름때와 착색을 제거하는 힘이 강하므로 2주 걸러 한 번씩 번갈아가면서 사용합니다. 분량은 각각 1작은술 정도입니다.

kaori 씨(@kaori.y.t)

요리용 구연산이라면 컵도 함께 닦을 수 있어요

직접 설거지할 때는 식기세척기를 활짝 열어 식기건조대로 사용합니다. 식기건조대를 사용했을 때는 핑크색 물때가 자꾸 끼어서 청소가 힘들었습니다. 식기세척기를 청소할 때는 늘 세제 대신 2큰술의 요리용 구연산을 넣고 유리컵 등과 함께 작동시키면 물때도 깨끗하게 제거됩니다.

a.r.r.y 씨(@2__a__4)

구연산 세척은 약간 길게 설정합니다

방치하면 곰팡이가 발생하기 쉬운 식기세척기. 물에 잘 녹고 비누찌꺼기와 곰팡이를 분해하는 구연산은 소취 항균 작용도 있으므로 식기세척기 세척에 좋아요. 1~3큰술의 구연산을 넣고 식기를 세척할 때보다 시간을 길게 설정하면 더욱 깨끗해집니다.

Kitchen

식기세척기, 환기팬, 바닥

pyokopyoko 씨(@pyokopyokop)

환기팬은 주말에
식기세척기로 세척

주말에는 다음 주에 먹을 음식을 미리 만들어 놓습니다. 음식 준비가 끝난 후 환기팬을 청소합니다. 뺄 수 있는 부품은 전부 빼내고, 걸레를 전자레인지에 데워서 스팀타월을 만들어 뺄 수 없는 부분을 닦아주면 기름때가 불어서 잘 벗겨집니다. 또 시로코팬을 빼낸 다음, 안쪽을 청소할 때는 손에 상처가 나지 않도록 고무장갑이 필수입니다. 세스퀴탄산수를 뿌린 다음 걸레로 닦아줍니다.

SHOKO 씨(@4696mono1222_shoko)

세스퀴탄산수 스프레이로
월1회 청소

매월 말일에 환기팬 청소를 합니다. 환기구 부품과 필터, 시로코팬 등은 빼서 식기세척기에 넣습니다. 본체와 정류관은 세스퀴탄산수를 뿌리고 수건으로 닦아내면 끝. 한 달에 한번 청소로 깨끗하게 유지합니다. 필터도 세스퀴탄산수에 담가 놓습니다.

pyokopyoko 씨(@pyokopyokop)

주방매트를 깔지 않고
매일 닦습니다

전에는 주방매트를 주말에 세탁하고 바닥 청소를 했습니다. 일주일 동안의 더러움이 쌓여서 매트도 마루도 청소가 힘들었습니다. 주방매트를 없애고 '바닥 닦기'라고 메모해서 주방에서 잘 보이는 곳에 붙여두었어요. 행주로 식탁을 닦고, 조리대와 인덕션을 닦고 마지막으로 바닥을 닦아요. 끝나면 산소계 표백제로 삶아서 제균&표백합니다.

a.r.r.y 씨(@2__a__4)

채소실은 종이 봉투로 더러움 방지

채소는 크래프트지 봉투에 넣어서 정리합니다. 냉장고 안의 재고를 쉽게 파악할 수 있고 흙 등으로 더럽혀질 일이 없어서 위생적입니다. 더러워지면 종이봉투째로 교환. 청소 시간도 줄고 바구니보다 빈틈없이 수납할 수 있는 것도 좋은 점. 다이소의 포장용 크래프트지를 사용.

상자 수납으로 보기에도 깔끔

식재료 등이 흐르거나 국물이 흘러도 상자 속만 더러워지므로 청소가 편해집니다. 식재료를 꺼낼 때는 상자째로. 내용물이 보여 썩어 버리는 재료가 없습니다. 무엇보다 냉장고 속이 깔끔하게 정리되어 만족스럽습니다.

SHOKO 씨(@4696mono1222_shoko)

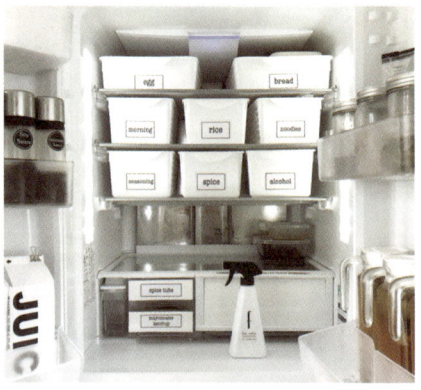

kaori 씨(@kaori.y.t)

주1회, 장보기 전 청소

일요일에 장을 보기 때문에 냉장고가 비는 토요일에 파스토리제로 청소. 냉장고가 비어있으면 청소가 정말 편합니다. 식재료는 그룹별로 트레이나 상자에 나눠서 넣습니다. 쇼핑할 때도 넣을 장소별(냉장, 냉동, 상온)로 나눠서 장바구니에 담습니다.

Kitchen

냉장고, 가전

mayumi 씨(@mayumichan12)

가전제품 수납장을 만들어서 청소 부담 줄이기

주방은 청소하기 편한 것에 집중하여 설계. 싱크대 반대쪽에 가전 수납장을 설치했습니다. 전자레인지, 토스터기, 전기밥솥 등을 모아서 수납. 사용하지 않을 때는 문을 닫아서 감추면 깔끔해요. 그릇장 위에 아무것도 두지 않아 청소도 아주 편해졌습니다. 문이 있어 가전에 먼지가 잘 쌓이지 않는 것도 장점. 또 갑자기 손님이 와도 생활감을 한 번에 숨길 수 있는 것도 마음에 들어요.

kaori 씨(@kaori.y.t)

토스터기 밑판 알루미늄 호일로 감기

토스터기를 사용하면 신경쓰이는 것이 빵부스러기와 눌은 때. 자주 청소하는 것은 귀찮으므로 속에 있는 밑판을 알루미늄 호일로 감아둡니다. 빵부스러기가 쌓이면 제거하고 다시 말아주면 끝. 간단한 방법이지만 청소시간이 단축되어 1분이면 끝납니다. 균일가숍에서 귀여운 모양을 많이 팔고 있으니 분위기를 바꿔가면서 멋스럽게.

Chapter_02 77

yuri 씨(@yu.ha0314)

여름엔 페퍼민트 오일을 떨어뜨려 매일 물걸레질

거실은 가장 오래 시간을 보내는 곳이기 때문에 늘 기분 좋게 있고 싶어요. 매일 아침 저녁 재빨리 청소기를 돌리고 물걸레 로봇청소기인 브라바를 세팅합니다. 일주일에 한번은 구석구석을 손걸레질합니다. 여름철에는 특히 매일 물걸레질 필수. 걸레에 페퍼민트 오일을 몇 방울 떨어뜨리면 개운하고 상쾌합니다.

무선 청소기는 계단 청소도 편하게 할 수 있어요

마키타 무선청소기로 바꾼 후부터는 정말 편하게 청소합니다. 다섯 살 딸도 간단하게 사용할 수 있을 정도. 거실은 물론, 계단도 쓱쓱 돌릴 수 있습니다. 물걸레질은 로봇청소기 브라바, 침실은 침대 아래까지 들어가서 청소하는 로봇청소기 룸바를 사용합니다.

pyokopyoko 씨(@pyokopyokop)

치비카오 씨(@__k__319)

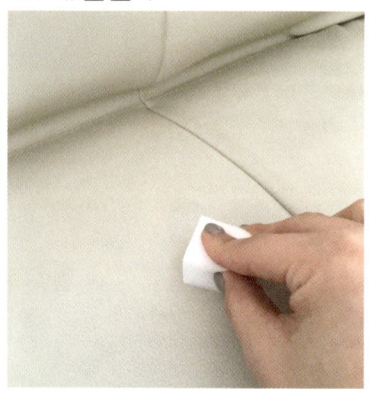

소파의 때는 멜라민 스펀지로

거실 소파는 닦기만 하면 깨끗해지는 PVC(합성 피혁 소재)를 선택했습니다. 옷물이 빠지는 등 거슬릴 때는 알칼리 전해수 클리너를 뿌리고 멜라민 스펀지로 닦아주면 대부분의 오염은 바로 제거됩니다.

Living Room
거실

kaori 씨(@kaori.y.t)

마루의 피지 때는 중성세제 + 스팀타월

바닥 피지 때는 설거지용 중성세제를 희석한 액(물 2리터에 세제 1~2작은술)으로 물걸레질을 하면 반짝반짝해집니다. 덧붙여서 걸레는 꽉 짜지 말고 물기가 많은 상태로 전자레인지에 데워서 닦으면 좋아요. 이 방법은 벽지 손때 제거에도 효과적. 세스퀴탄산소다수로도 깨끗해지지만 누렇게 될 수 있으므로 중성세제를 씁니다.

kaori 씨(@kaori.y.t)

아미노산계 친환경세제 우타마로 클리너 + 멜라민 스펀지로 걸레받이 먼지 제거

평소에는 걸레받이의 먼지를 청소기로 빨아들이고, 시간이 있을 때는 조금 꼼꼼하게 관리. 걸레받이 부분에 아미노산계 친환경세제인 우타마로 클리너를 짜 놓고 멜라민 스펀지로 문지르면 굳어있던 거뭇한 먼지가 깨끗해집니다. 멜라민 스펀지가 없으면 칫솔을 활용. 남은 때는 키친타올로 닦아내면 됩니다.

Living Room
거실

kanaria 씨(@kanaria_ouchi)

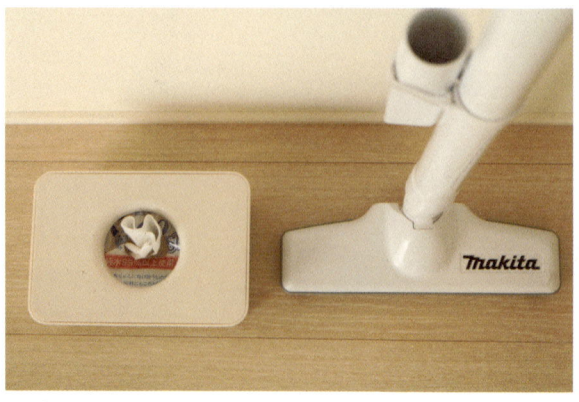

찌든 때는 머치슨 흄의 푸드 세이프 스프레이로 확실히 제거합니다. 너무 좋아하는 향이라서 주방 등 곳곳의 청소에 애용하고 있어요.

물티슈를 들고 다니면서 청소기 돌리기

매일 아침 아이를 어린이집에 보내고 회사에 가기 전까지 남은 시간에 청소기를 돌립니다. 마키타 무선청소기를 돌리면서 한손에 물티슈를 들고 다녀요. 마루에 떨어진 음식 찌꺼기와 침 자국이 자주 남아있으므로 신경 쓰이는 곳은 파스토리제를 뿌리고 물티슈로 닦습니다.

SHOKO 씨(@4696mono1222_shoko)

스팀 청소기로 제균하기

바닥은 스팀 청소기로 일주일에 한번 정도 닦습니다. 고온의 스팀이 나오기 때문에 때가 잘 빠지고 고온살균이 가능해서 청소하면서 제균도 됩니다. 단시간에 편하게 할 수 있고 바닥도 반짝반짝해집니다.

Bedroom
침실

침구를 세탁할 때 철저하게 청소합니다

침실은 청결하게 유지하고 싶은 장소. 청소기는 이틀에 한번 돌립니다. 철저하게 청소하는 시기는 침구를 세탁하는 타이밍. 접은 나무 깔판 침대에 매트리스를 말리고 이산화염소가 포함된 살균소취제인 A2Care 스프레이를 뿌립니다. 그 사이에 바닥을 물걸레질하고 펜던트 조명처럼 높은 부분을 걸레질합니다.

yuri 씨(@yu_ha0314)

chaki 씨(@k_h_s_0906)

침실은 먼지가 쌓이기 쉽지만 침대 밑을 청소하는 것은 정말 귀찮은 일입니다. 그래서 물걸레 로봇청소기 브라바에게 맡기고 있어요. 룸바도 사고 싶지만 브라바의 드라이 모드로도 충분히 없앨 수 있습니다.

시트 세탁할 때는 매트리스를 들어 올려서 바람이 통하게

아이들이 자면서 흘리는 땀이 대단하기 때문에 침구는 자주 세탁합니다. 마음 같아서는 전부 함께 세탁하고 싶지만 말릴 곳이 한정되어 있기 때문에 4번으로 나눠서 날씨가 좋은 날에 로테이션으로 빨고 있습니다. 시트를 빠는 동안 침대 프레임을 벗기고 매트리스를 들어 올려 습기를 날리도록 합니다.

kaori 씨(@kaori.y.t)

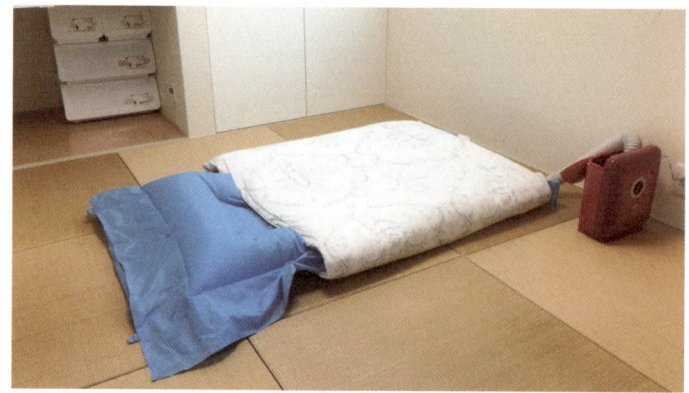

이불은 건조기를 돌려서 철저하게 진드기 퇴치

진드기는 햇볕에 말려도, 세탁을 해도, 이불 전용 청소기의 자외선으로도 사멸되지 않는다고 들어서 이불건조기를 사용합니다. 진드기 퇴치 모드로 건조한 다음, 일반 청소기로 빨아들입니다. 사진처럼 이불을 말아서 건조시키면 이불 구석구석까지 열이 전달되어 진드기가 사멸될 것 같습니다. 또 진드기의 먹이가 되는 머리카락 같은 것이 남지 않도록 청소하고 있습니다. 패드 밑에 방수시트를 깔아 식은땀이나 습기가 요까지 전달되지 않도록 하는 것도 일과의 하나.

치비카오 씨(@___k___319)

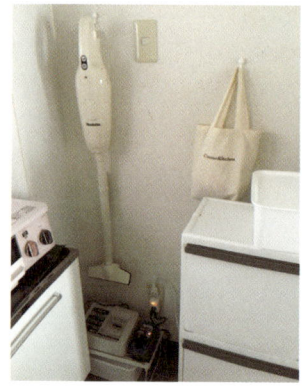

주로 사용하는 것은 마키타 무선청소기. 헤드가 작고 가벼워서 청소가 쉽습니다. 작은 먼지나 음식찌꺼기를 발견했을 때도 재빨리 돌리기 쉽습니다.

침실은 다리가 달린 매트리스 & 캐스터 수납

침대 밑에 먼지나 습기가 쌓이기 쉽습니다. 청소하기 편하도록 다리가 달린 매트리스를 구입하여 청소기가 들어갈 수 있는 높이를 확보. 바닥에 물건을 거의 놓지 않는 것도 포인트. 침대 밑에는 헬멧이나 운동화 등 최소한의 방재용품을 넣어두었습니다. 캐스터가 달려있는 박스에 넣어 이동이 쉽습니다.

Bedroom
침실

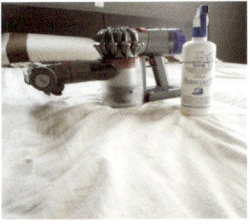

a.r.r.y 씨(@2__a__4)

다이슨으로 침실의 모든 곳을 청소

워킹맘이라 이불 커버를 빨거나 말릴 여유가 거의 없습니다. 이럴 땐 이불에 파스토리제를 뿌린 다음 다이슨으로 빨아들이면 끝. 놀랄 만큼 먼지가 많이 나옵니다.

없어서는 안 될 청소아이템인 다이슨 V8. 많은 장소에서 사용하지만 침실에서도 아주 편리합니다. 콤비네이션 툴로 갈아 끼우면 걸레받이, 침대프레임 청소도 편하게 할 수 있습니다. 미니 모터 툴로 바꾸면 이불 클리너로 변신. 침실 에어컨도 이 청소기로 관리합니다.

gomarimomo 씨(@gomarimomo)

벽에 훅을 달고 이불을 매달아서 수납

우리 집에서는 접는 매트리스를 사용합니다. 이불을 바닥에 두면 바닥 청소를 하는 것이 힘들어서 매달아 수납합니다. 벽에 하중 5kg까지 견디는 훅을 달고 이불 커버의 고리를 걸어서. 니토리 커버는 모서리 2군데가 터진 곳(슬릿)이 들어있어서 편리합니다. 진드기 방지 스프레이, 제균 소취 스프레이를 뿌린 다음엔 침실 창문을 열고 건조. 베개는 무인양품의 빨 수 있는 베개. 세탁한 다음 옷걸이에 걸어서 욕실에서 말립니다.

Chapter_02 83

치비카오 씨(@__k__319)

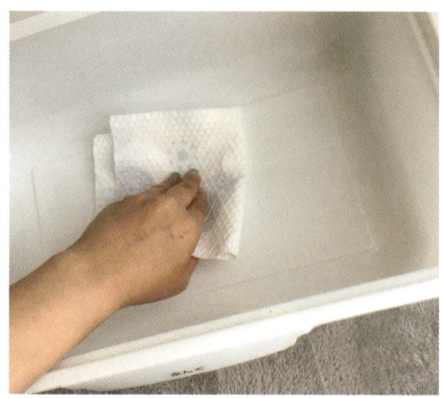

인체에 무해한 치아염소산수 스프레이로 닦습니다

장난감은 컬러 박스에 딱 맞게 들어가는 니토리 수납 케이스에 넣어둡니다. 박스 안은 정기적으로 닦아줍니다. 항균, 탈취 효과가 있고 아이들이 만져도 안심인 치아염소산수를 사용합니다. 우선 마른 키친 타올로 먼지를 닦아낸 다음, 케이스는 물론 장난감에도 스프레이한 다음 닦습니다. 문구 등은 특히 연필이나 펜으로 더러워지기 쉽기 때문에 닦기 편한 플라스틱 케이스에 수납합니다.

chaki 씨(@k.h.s.0906)

남편용 바구니를 준비. DM 등을 보관합니다. 오른쪽 사진의 무지 박스는 제 물건 전용. 식탁이나 체스트에 던져놓는 일도 물건을 찾아다니는 일도 사라졌어요.

분류할 수 없는 물건은 보물 상자에

가능한 라벨을 붙여서 물건 하나하나에게 수납장소를 만들고 있지만 아이들 물건은 그렇게 간단하게 분류하기 어려울 때가 있습니다. 이럴 때 활용하기 좋은 것이 이니셜을 붙인 보물상자. 카드와 입장권, 종이접기로 만든 작품 등 아이들이 간직하고 싶어하는 물건이 가득 들어있어요. 여기가 꽉 차면, 아이들 스스로 필요한 것과 필요하지 않은 것을 나눠서 처리하고 있습니다.

Kid's Item
아이방

gomarimomo 씨(@gomarimomo)

세탁 가능한 타일 카펫 위에 유모차 두기

우리 집은 현관이 좁아서 유모차를 둘 공간이 없습니다. 그래서 현관 옆 작은 창고에 수납합니다. 처음에는 바닥이 더러워지지 않도록 타이어 커버를 씌웠는데 너무 귀찮았습니다. 그래서 사방 50cm 정사각형의 빨 수 있는 타일 카펫을 깔고 그 위에 유모차를 올려놓았습니다. 이렇게 하니 바닥 청결함도 유지되어 수고가 하나 줄었습니다.

gomarimomo 씨(@gomarimomo)

퍼즐 매트 위에 러그를 덧깔아 이음새에 끼는 먼지 방지

뒤집기를 시작한 둘째딸을 위해 거실에는 퍼즐 매트를 깔았습니다. 이음새 사이로 먼지가 들어가서 청소가 어렵다는 상품평을 보고 매트 위에 러그를 겹쳐서 깔았습니다. 러그에 미끄럼 방지 처리가 되어있어 밀리지 않고 온기도 느껴져서 바닥 난방비가 절약될 것 같습니다. 매트는 집안 인테리어와 어우러지는 베이직 컬러에 항균 가공된 것으로 골랐습니다.

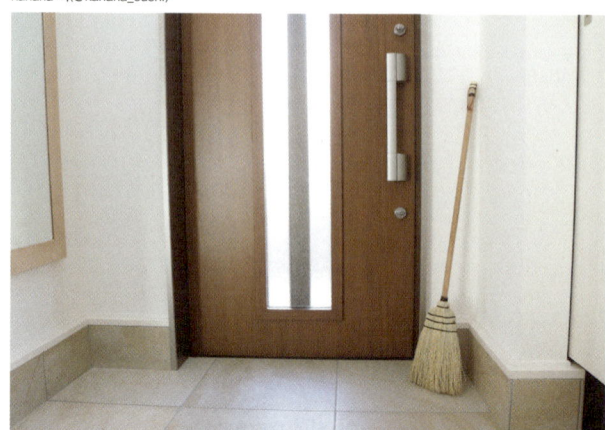

kanaria 씨(@kanaria_ouchi)

산소계 표백제로 현관 물청소

평소 현관은 빗자루로 싹싹 쓸고 빗자루로 쓸기 어려운 구석의 먼지는 청소기를 활용합니다. 꼼꼼하게 청소할 때는 기무라 비누의 산소계 표백제를 50~60도 뜨거운 물에 녹인 다음 현관 타일에 뿌리고 데크브러시로 문지른 다음 잠시 그대로 방치. 그 사이에 현관 외의 타일도 데크브러시로 문질러 주는데 이쪽은 대문 옆에 있는 화단 물주기를 겸해서 물청소를 하고 있습니다. 방치 후에는 걸레 등으로 닦아냅니다.

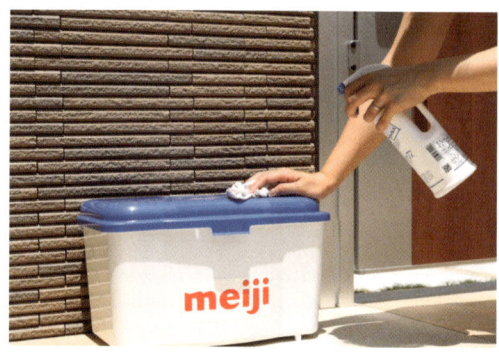

대문, 인터폰, 우유배달 박스, 현관문, 현관난간, 문턱 등은 일을 시작하기 전이나 빈 시간에 재빨리 제균. 키친타올에 파스토리제를 스프레이한 다음 닦는 것이라 간단하게 끝납니다.

Entrance
현관

SHOKO 씨(@4696mono1222_shoko)

chiaki 씨(@k.h.s.0906)

바쁠 때는 멜라민 스펀지로

현관 타일은 보통 산소계 표백제로 물청소를 합니다. 양동이에 산소계 표백제 액을 만들고 현관 타일에 뿌린 다음, 데크브러시로 문지르고 잠시 방치. 물로 헹구면서 다시 한 번 문질러서 닦으면 반짝반짝. 시간이 없을 때는 멜라민 스펀지와 세스퀴탄산수스프레이로 타일을 문지르면 간단하게 깨끗해집니다.

아들 마중과 함께 현관 쓸기

아이들은 매일 많은 모래와 함께 집에 돌아옵니다. 그래서 아들이 초등학교에서 돌아오는 시간에 맞춰서 현관 빗자루질. 아들도 집 앞에 제가 나와 있으면 좋아하는 것 같아서 거의 매일 거르지 않고 합니다. 현관은 그 집의 얼굴. 더러워지기 쉬운 곳이지만 늘 깨끗하게 관리하고 싶습니다.

kaori 씨(@kaori.y.t)

우타마로 클리너로 때가 빠집니다

산소계 표백제로 물청소를 할 때 물기를 닦는 게 너무 힘들어서 우타마로 클리너로 바꿨습니다. 더러워진 부분에 우타마로 클리너를 뿌린 후 멜라민 스펀지로 문지르면 놀랄 만큼 깨끗해집니다. 그 후에 젖은 걸레로 닦아내면 완료. 시간이 없을 때는 키친타올로 닦아냅니다.

gomarimomo 씨(@gomarimomo)

창 유리의 오염에는 파스토리제가 효과적

우리 집 고양이들은 창밖을 내다보는 것을 좋아하기 때문에 창문에 고양이 발자국이 가득해요. 청소할 때는 파스토리제를 뿌리고 키친타올로 재빨리 닦아주면 간단하게 반짝반짝해집니다. 닦은 자국도 생기지 않아서 편해요. 남편 담당입니다.

물티슈로 블라인드 청소

비 내리는 날이나 꽃가루가 날리는 계절을 제외, 일주일에 2~3번 청소기를 돌리기 전에 먼지를 털어줍니다. 블라인드 앞과 뒤도 먼지떨이로 먼지 제거. 1년에 한 번은 한줄 한줄 물걸레질합니다.

pyokopyoko 씨(@pyokopyokop)

pyokopyoko 씨(@pyokopyokop)

일 년에 2번 방충망을 떼서 물청소

아침에 청소기를 돌리기 전 먼지떨이로 먼지를 텁니다. 이때 방충망도 빼놓지 않습니다. 그리고 일 년에 두 번 정도는 방충망을 통째로 떼어서 닦습니다. 창문 안쪽에 달려있는 타입인 방충망은 떼어서 욕실로. 욕실용 세제를 뿌려가면서 욕실 스펀지로 닦습니다. 창문 바깥쪽에 달려있는 타입은 바깥에서 호스로 물을 뿌려 걸레로 닦습니다.

Window

창문, 베란다

naoko 씨(@popo.nao)

청소 도구 압축봉에 걸기

베란다 청소 도구는 압축봉을 사용하여 매달아서 수납. 베란다에 놓아두면 생각났을 때 바로 청소를 시작할 수 있습니다. 난간이나 창틀을 닦는 걸레도 놓아두는데 사용 후 바로 말릴 수 있어서 편리. 베란다 슬리퍼도 바구니에 담아 걸어두면 더러워질 일이 없습니다.

베란다에는 4리터짜리 물탱크를 2개 상비. 보통은 빗자루로 쓸고 이 물을 뿌리면서 브러시로 가볍게 문질러줍니다. 귀찮은 것은 딱 질색이지만 물이 바로 옆에 있으면 청소를 지속할 수 있습니다.

izabel13ok 씨(@izabel13ok)

A.r.r.y 씨(@ayu___home)

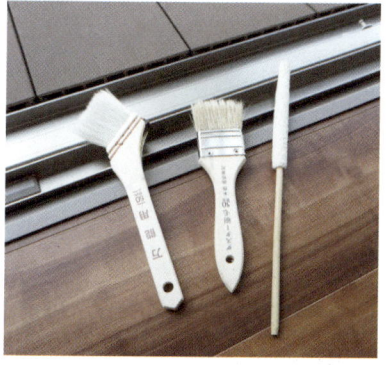

페트병용 브러시가 편리

창틀은 환절기에 청소. 페트병에 연결해서 쓸 수 있는 노즐 달린 브러시가 편리합니다. 또 잘 더러워지지 않아서 오래 사용할 수 있는 것도 장점. 때는 오래된 키친타올로 닦아냅니다. 욕실 청소에도 같은 브러시를 씁니다.

창틀 청소는 솔과 작은 청소봉으로

금방 더러워지지만 쉽게 청소하기 어려운 창틀의 홈. 걸레만으로는 구석까지 닦기 어려워서 솔과 작은 청소봉을 사용합니다. 쌓인 흙과 먼지를 솔로 긁어내고 청소봉으로 닦습니다. 오염을 제거한 다음 마무리로 파스토리제로 닦아주면 반짝반짝해집니다.

Chapter_02 89

kaori 씨(@kaori.y.t)

매일, 매주, 매월 정기 청소, 부지런히 하면 곰팡이 방지

매일 하는 청소는 우타마로 클리너로 욕조 닦기. 주1회는 조금 더 꼼꼼하게. 우타마로 클리너로 욕조, 바닥을 닦고 수전을 문질러 닦습니다. 수전과 거울에 물방울이 남지 않도록 완전히 닦아냅니다. 수채 구멍 청소도 이 타이밍에. 월1회 자루걸레에 제균제를 뿌린 시트를 끼우고 천정과 벽을 닦습니다. 대야 등을 모아서 산소계 표백제에 담가놓습니다. 샤워실 문을 레일에서 빼내서 통째로 닦고 곰팡이 방지 훈연제는 격월로.

SHOKO 씨(@4696mono1222_shoko)

스퀴지로 깨끗하게 물방울 닦아내기

물때가 생긴 다음에 제거하는 것은 힘들기 때문에 생기지 않도록 청소하는 것이 중요해요. 마지막에 들어간 사람이 목욕이 끝나자마자 청소하는 것이 방침. 우선은 세제를 발라 벽과 욕조, 바닥과 정리랙까지 닦고 스퀴지로 물기를 제거한 다음, 수건으로 닦아냅니다. 물기가 남아 있으면 물때와 곰팡이의 원인이 되므로 닦아내는 청소가 가장 중요합니다.

Bathroom
욕실

a.r.r.y 씨(@2__a__4)

마지막은 극세사 걸레로

물때를 남기지 않기 위해 청소는 밤 사이에 합니다. 우타마로 클리너로 오염을 제거하고 거울은 무인양품의 스퀴지로 물기를 제거. 극세사 타월로 닦으면 물자국이 남지 않습니다. 마지막으로 벽과 바닥도 닦습니다. 시간이 다소 걸리지만 꼼꼼하게 청소하려고 신경을 씁니다.

욕실청소는 3개 세트로 합니다. '바스 봉군'이라고 불리는 브러시는 손잡이가 늘어나서 서서 청소할 수 있어 편합니다. 천정도 청소할 수 있습니다. 우타마로 클리너는 욕조와 거울도 반짝반짝하게 만들어줍니다. 향도 마음에 들어요.

치비카오 씨(@__k__319)

pyokopyoko 씨(@pyokopyokop)

알칼리 전해수와
브러시로 꼼꼼하게 청소

배수구 때는 알칼리 전해수 클리너를 뿌리고 브러시로 문질러서 제거합니다. 가벼운 청소를 할 때는 베이킹소다와 구연산을 넣고 발포시켜 헹궈내기만 합니다. 욕조 청소는 '바스봉군'이라는 브러시로 세제를 쓰지 않고 쉽게 할 수 있어서 매일 청소할 수 있어요.

입욕 시에 청소
다음날 아침엔 건조가 중점

욕조는 마지막에 들어가는 사람(주로 남편)이 담당. 다음날 아침, 세수를 하는 김에 배수구의 머리카락을 제거하고 뚜껑을 기대세워서 말립니다.

유키탄 씨(@yukitan_home)

오염 별로 세스퀴탄산수와 구연산수를 구분해 사용

욕조 청소는 중학교 1학년 아들 담당. 타일 부분은 제가 문질러서 닦고 있습니다. 바닥 타일이 검정색이라 비누찌꺼기 때가 잘 보이는데 목욕이 끝날 때 재빨리 세스퀴수를 스프레이. 브러시로 문지르면 간단하게 제거할 수 있어요. 피지 때도 잘 지워져요. 거울에 얼룩이 생기면 구연산수(구연산 1큰술, 물 500ml)로 거울을 적시고 키친타올을 붙인 다음. 다시 그 위에 구연산수를 뿌려 2시간 정도 방치. 이 구연산 팩으로 물때가 깨끗해집니다.

kanaria 씨(@kanaria_ouchi)

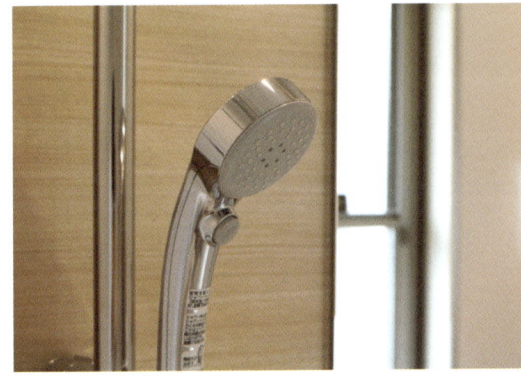

스테인리스는 연마제가 들어있지 않는 세제로

목욕탕에서 나오기 전에 청소를 마칩니다. 욕실 안에서 물기를 닦는 김에 목욕타월로 샤워헤드와 수전 등의 물기를 닦아줍니다. 만약 하얀 자국이 생겼으면 만능 클리너인 '만능jr군'이라는 세제를 걸레에 묻혀 닦습니다. 연마제가 들어있지 않아 스테인리스에도 흠집을 남기지 않습니다.

Bathroom
욕실

naoko 씨(@popo.nao)

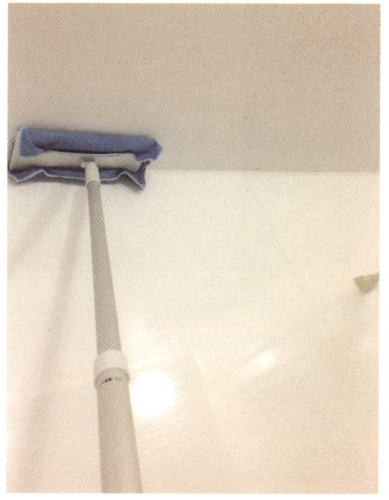

naoko 씨(@popo.nao)

베이킹소다수를 묻혀서 천장 청소

무인양품 자루걸레에 극세사 걸레를 끼우고 천정을 청소합니다. 걸레에는 베이킹소다수를 스프레이. 베이킹소다는 더러움을 제거해줄 뿐만 아니라 소취 작용도 있으므로 일석이조. 물에 녹여서 직접 만들어도 좋지만 액체상태로 파는 시판품이 편리합니다. 검정곰팡이가 생겼으면 걸레에 곰팡이 제거용 스프레이를 뿌려서 닦아줍니다.

세정용 알약으로 미끈거림 예방

배수구 청소에는 세정용 알약(간단 세정환)을 사용합니다. 미끈거림과 냄새를 예방할 수 있으며 제균까지 해주는 재주 많은 세정제입니다. 배수구에 쏙 넣기만 하면 되므로 정말 간단합니다. 일주일에 한번 정도 간격으로 사용합니다. 세탁기 배수구 청소에도 사용합니다.

moe9646 씨(@moe9646)

배수구 부품은 매일 산소계 표백제에 담그기

배수구의 세세한 부품과 뚜껑은 매일 아침 세면대에 산소계 표백제를 풀고 담가둡니다. 10분 정도 담가두었다가 브러시로 싹싹 닦은 다음 헹굽니다. 욕실 안에 기대어 두고 건조시킵니다. 매일하면 미끈거림도 검정곰팡이도 생기지 않습니다. 담가놓고 기다리는 동안 배수구 속을 욕실용 세제와 스펀지로 청소합니다.

Bathroom
욕실

s,k,m,f 씨(@s,k,m,f)

산소계 표백제에 소품과 뚜껑도 함께

욕조와 바닥은 산소계 표백제로 월1회는 꼼꼼하게 청소. 산소계 표백제를 푼 욕조에는 대야, 목욕의자, 욕조뚜껑, 아이들 장난감 등 뭐든지 넣습니다. 욕실 특유의 오염이나 미끈거림이 간단하게 제거되므로 아무리 바빠도 매월 반드시 하는 것이 규칙. 목욕하고 남은 물을 활용합니다.

Mai 씨(@gpgp_ismart)

욕실 곰팡이 방지 훈연제로 검정곰팡이 예방

월1회, 욕실 곰팡이 방지 훈연제로 욕실 곰팡이를 방지. 연기가 욕실 전체에 가득차서 검정곰팡이를 예방해줍니다. 단독주택으로 이사 온 뒤부터 매월 지속하고 있습니다.

naoko 씨(@popo,nao)

거품세정제를 사용하면 반짝반짝

욕실용품은 월1회 거품세정제로 청소합니다. 목욕한 물에 넣고 샤워기로 거품을 내서 사용하는데 다음날에는 뽀드득 소리가 날 정도로 깨끗해집니다.

Washroom
세면실

Mai 씨(@gpgp_ismart)

배수구는 주 1회 배수관 클리너를 흘려보낸 다음날 청소하는 것이 규칙. 배수관 세정제(파이프 클리너)를 정기적으로 흘려보내면 배수관에 붙어있는 것이 없어서 청소하기 편합니다.

세면볼은 욕실용 세제로 닦습니다

세면대는 매일 청소. 매일 하기 때문에 재빨리 할 수 있습니다. 거울과 수전은 구연산수를 뿌린 다음, 키친타월로 닦아냅니다. 세면볼은 주1회 욕실용 세제로 청소. 지금까지 손세정제나 주방세제 등으로 해보았지만 욕실용이 물때를 벗기는 힘이 있어서 가장 깨끗하게 청소할 수 있어요.

치비카오 씨(@___k___319)

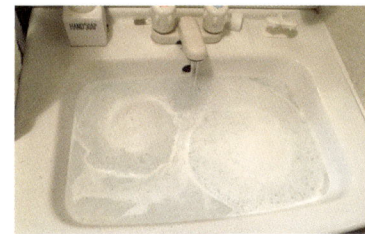

키친타올로 먼지 닦기

세면대는 평소에 키친타올로 자주 닦아서 청소하고 있습니다. 색이 거뭇해져 신경쓰이면 산소계 표백제에 담가두기. 이렇게 하면 매끈매끈, 반짝반짝해집니다. 수도꼭지 틈새는 화장하면서 틈새시간을 활용해 다 쓴 칫솔로 청소.

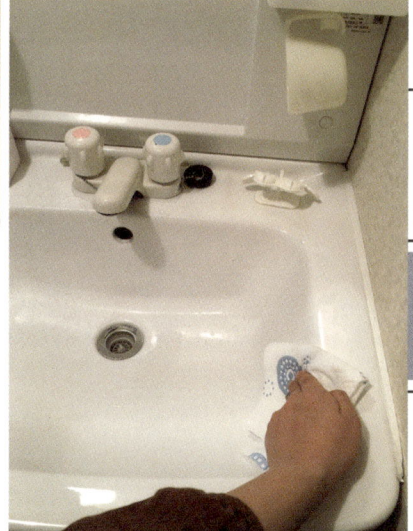

naoko씨(@popo.nao)

스테인리스를 닦을 때는 하이홈

평소에는 욕실세정제로 수도꼭지와 그 주변, 거울을 닦아내는 청소를 합니다. 스테인리스 부분이 지저분하거나 물때가 신경쓰이면 하이홈을 사용합니다. 조금 덜어내서 스펀지로 빙글빙글 돌리면서 문지르면 놀랄 정도로 깨끗해집니다.

유키탄 씨(@yukitan_home)

불소 코팅으로 깨끗하게 유지

새 집으로 이사하고 1년 반, 깨끗한 상태를 유지하기 위해 세면대는 직접 불소 코팅을 했습니다. 코팅하는 것만으로 때가 덜 타서 평소의 청소가 훨씬 편해졌습니다. 욕실에도 사용하고 있습니다.

pyokopyoko 씨(@pyokopyokop)

손세정제로 닦습니다

매일 아침, 세수를 하는 김에 청소. 휴지로 거름망의 머리카락을 제거하고 스펀지에 손세정제를 짜서 닦습니다. 휴지도 스펀지도 바로 손 닿는 곳에 있어 매일 계속할 수 있습니다. 마지막으로 수건으로 닦아내면 끝.

a.r.r.y 씨(@2__a__4)

세면대 밑에 매트 깔지 않기

매일 아침 화장실 청소 후에 세면대를 청소합니다. 우마타로 클리너로 세면볼을 닦고 거울은 파스토리제로 닦아냅니다. 세면대 앞의 바닥엔 물이 자주 튀지만 매트를 깔지 않고 자주 닦아서 오히려 더 깨끗하게 유지됩니다.

Washroom

세면실

naoko 씨(@popo.nao)

세면대 수납장은
화장실 전용 세제로

세면대 수납장은 더러워진 것 같으면 안에 있는 것을 전부 꺼내서 청소. 특별히 빈도는 정해져 있지 않습니다. '마메삐까'라는 화장실 전용 세정제로 닦습니다. 원래는 화장실 용이지만 벽이나 바닥 등도 닦을 수 있는 만능으로 세면대 청소에도 사용합니다. 뿌린 다음 티슈로 닦아내면 끝. 편하게 청소할 수 있어서 귀찮지 않습니다.

s.k.m.f 씨(@s.k.m.f)

양치용품은 매달아 수납

세면대 수납장 속에 칫솔과 치약, 면도기를 수납합니다. 물에 닿은 것은 가능한 매달아서 바닥에 닿지 않도록 노력. 덕분에 잘 말라서 항상 청결을 유지할 수 있습니다. 곰팡이 같은 것이 생긴 적은 한 번도 없습니다. 칫솔은 캔두의 케이블 클립, 치약은 IKEA의 클립을 사용합니다.

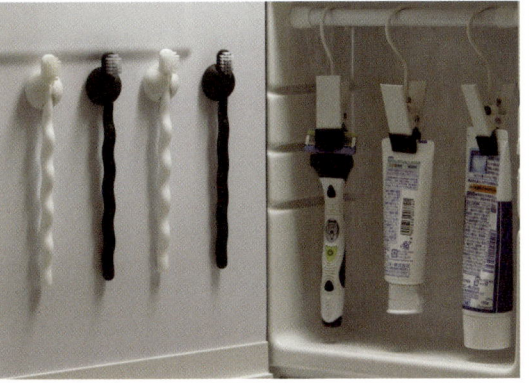

kaori 씨(@kaori.y.t)

흡수매트 깔아서
미끈거림 방지

세면대의 손세정제와 컵 밑에는 흡수매트를 깔아둡니다. 바닥에 물기가 고이지 않아 미끈거리지 않습니다. 같은 것으로 여러 장 준비해두고 이틀에 한번 정도 교환, 세탁하고 있습니다. 세리아의 잘라 쓸 수 있는 타입을 애용 중. 칫솔을 넣어두는 컵 바닥에는 티슈를 깔면 청소하기 쉽습니다.

kaori 씨(@kaori.y.t)

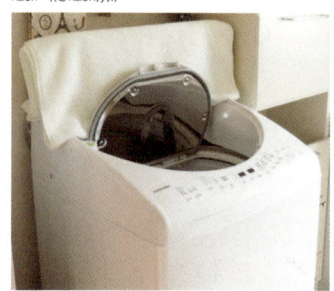

장판 청소는 멜라민 스펀지로

세면실 바닥은 장판입니다. 흠집은 잘 안 생기지만 표면이 울퉁불퉁해서 청소가 어렵습니다. 우선 청소기로 이물질을 없애고 적신 멜라민 스펀지로 문지르면서 젖은 걸레로 닦습니다. 마지막에 항균 스프레이를 뿌리면서 마른 걸레질. 물이 떨어지면 변색되기 쉬우므로 세탁하기 귀찮지만 매트를 깔아둡니다.

세탁기 뚜껑의 안쪽에 먼지가 잘 쌓이기 때문에 뚜껑을 열고 건조시키는 동안 수건을 걸어서 보호합니다. 또 세탁기호스에는 미리 랩을 씌워둡니다.

치비카오 씨(@___k___319)

세제 투입구와 안쪽 오염도 청소

매일 사용하는 세탁기는 의외로 오염이 쌓이기 쉬운 곳입니다. 세제투입구에는 세제 찌꺼기가 덕지덕지 달라붙기 때문에 세면대 청소에 사용한 키친타올로 하는 김에 투입구도 청소합니다.

손이 들어가지 않는 좁은 틈새는 면봉으로 꼼꼼하게 닦아줍니다. 세탁기 옆과 밑의 틈은 핸디와이퍼로 먼지를 제거합니다. 손잡이가 늘어나 구석까지 잘 닿고 올록볼록한 세탁판에 붙는 먼지를 잘 제거해줍니다.

Washroom

세탁기 주변

naoko 씨(@popo.nao)

세탁기 배수구는 분해해서 청소

두 달에 한번, 세탁기 배수구 청소를 하고 있습니다. 청소를 할 때마다 세탁기를 들어 올리는 것은 힘들기 때문에 집을 지을 때 배수구가 숨겨지지 않도록 설계를 부탁했습니다. 매번 놀랄 정도로 더러워져 있습니다. 설명서를 보면서 부품을 풀고 산소계 표백제에 담가두었다가 씻은 다음, 배수구에는 세정용 알약(간단세정환)을 넣어줍니다. 이 청소를 지속하면서 배수구와 세탁조의 냄새도 사라졌습니다.

Mai 씨(@gpgp_ismart)

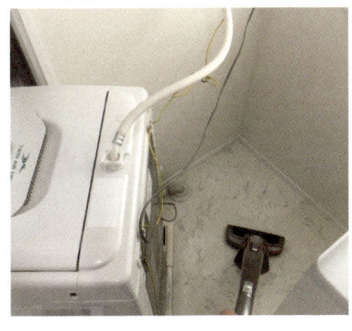
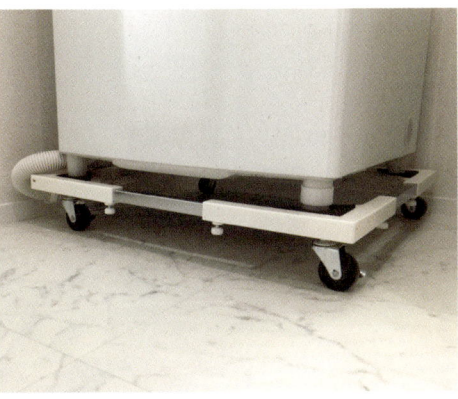

세탁기 이동이 쉽도록 받침대에 놓기

세탁기 밑은 먼지는 쌓이기 쉽지만 청소는 어려운 장소. 세탁기를 움직여서 깨끗하게 청소하고 싶어서 캐스터 달린 세탁기 받침대를 구입했습니다. 캐스터 덕분에 마음대로 움직일 수 있어서 하고 싶을 때 청소를 할 수 있습니다. 먼지도 쌓이지 않습니다. 캐스터는 스토퍼가 달린 것으로 선택.

Chapter_02   99

yuri 씨(@yu.ha0314)

신경 쓰일 때마다 재빨리 청소

화장실은 '청소하는 날'을 정하지 않고 신경이 쓰일 때 재빨리 청소합니다. 그것이 늘 깨끗하게 유지할 수 있는 제일 좋은 방법. 단 주 1회는 환기팬도 떼서 꼼꼼하게 청소. 바닥은 페퍼민트 오일을 걸레에 뿌려서 닦아주면 깔끔. 어둡고 좁은 공간이므로 깔끔하고 상쾌한 느낌을 주기 위해 신경을 씁니다.

a.r.r.y 씨(@2__a__4)

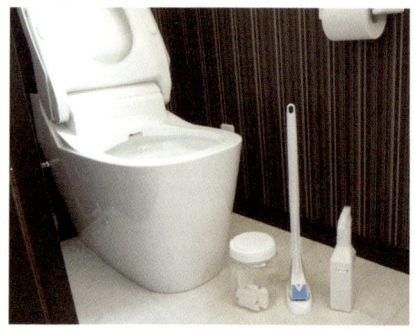

kaori 씨(@kaori.y.t)

자동 세척 기능이 있는 변기라 주1회 청소

1층 화장실은 자동 세척 기능이 있는 변기라서 주1회 정도만 닦아주면 됩니다. 변좌, 변좌 밑부분, 변기 주변, 바닥을 파스토리제로 닦아내서 제균합니다. 청소하기 쉽도록 매트도 깔지 않았습니다.

파스토리제 제균이 메인

화장실 청소는 매일 자기 전에 합니다. 변좌와 바닥에 파스토리제를 뿌리고 변기에 내려버릴 수 있는 청소포로 닦아냅니다. 새로 바꾼 변기는 심하게 더러워지지 않는 재질이라 변기 속은 주1회 정도만 우타마로 클리너로 닦아줍니다. 뚜껑은 가끔 떼서 욕조에 넣고 산소계 표백제에 담갔다가 헹궈줍니다.

Lavatory
화장실

chiak i씨(@k.h.s.0906)

전용세제를 쓰지 않고 구연산 스프레이로. 화장실 청소는 조금이라도 즐겁게 할 수 있도록 에센셜 오일을 스프레이 속에 넣어줍니다.

변기에 그냥 내려 버릴 수 있는 일회용 브러시 사용

변기에 그냥 내릴 수 있는 일회용 브러시를 애용 중입니다. 바닥 청소를 편하게 할 수 있도록 전용 홀더를 쓰지 않고 균일가숍의 훅에 걸어둡니다. 화장실 윗커버와 매트는 세탁이 귀찮아서 깔지 않고 슬리퍼도 손님이 왔을 때만 꺼내놓습니다. 가능한 아무것도 놓지 않는 것이 청소도 쉽고 청결해보입니다.

치비카오 씨(@___k___319)

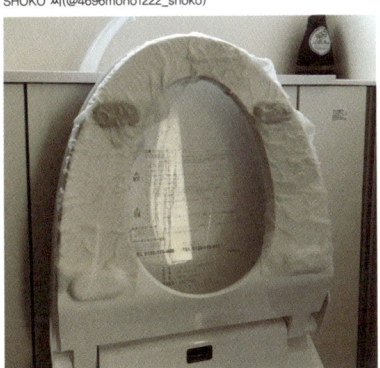

SHOKO 씨(@4696mono1222_shoko)

슬리퍼는 랙에 걸어둡니다

화장실 매트 대신 슬리퍼를 놓고 있습니다. 그런데 아이들이 벗어던지거나 바닥 청소에 방해가 되서 랙에 수납하는 방식으로 바꿨습니다. 세리아 편지랙을 벽에 압정으로 고정시켰습니다.

변좌 안쪽은 구연산 팩

화장실에서 가장 더러워지는 곳은 변좌 안쪽. 매일 청소하면 좋지만 약간 게으름을 피우다보면 화장실 청소포로는 깨끗이 해결이 안 됩니다. 그럴 때는 구연산수 스프레이를 뿌리고 그 위에 화장실휴지를 붙여줍니다. 휴지에 다시 구연산수를 듬뿍 스프레이하고 30분 방치. 붙였던 휴지로 닦으면 깨끗해집니다.

Lavatory
화장실

naoko 씨(@popo.nao)

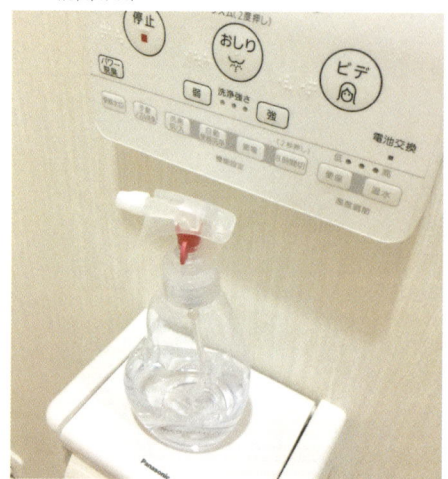
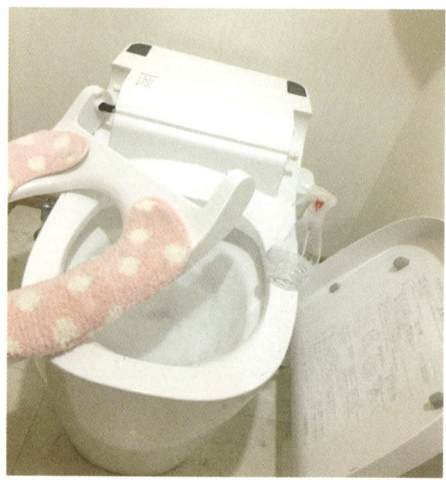

변기도 바닥도 마메삐까로 OK

화장실 세제 중에서 가장 마음에 드는 것은 '마메삐까'라고 하는 세제입니다. 변기와 변좌뿐아니라 바닥과 벽까지 청소할 수 있습니다. 스프레이하고 휴지로 닦아내기만 하면 되므로 편합니다. 자동세척 기능이 있는 변기라서 변기 청소는 기본적으로 하지 않고 자기 전에 화장실용 거품스프레이를 뿌리고 다음날 아침까지 방치하는 정도. 마음이 내키면 변좌와 뚜껑을 떼어내서 세세한 부분까지 닦는 특별 청소를 합니다.

화장실 걸레받이와 선반, 환기팬 위 등의 청소는 퀵클와이퍼를 사용해서 먼지 제거. 손잡이가 길게 늘어나서 천정까지 편하게 닿기 때문에 아주 편리해요.

환기팬 청소는 직접 만든 청소봉으로

좁고 손이 닿기 힘든 곳에 있는 화장실 환기팬. 짝수달에 적신 키친타올을 나무젓가락에 만 청소봉으로 청소합니다. 청소기로 대부분의 먼지를 빨아들이고 제거되지 않은 부분은 봉으로 닦아주면 깨끗해집니다.

유키탄 씨(@yukitan_home)

청소는 가족이 웃는 얼굴로
쾌적하게 생활할 수 있도록 하는 것

아이가 있어도 깔끔하고 심플한 집을 유지하고 싶어서 여러 가지 아이디어를 짜냅니다. 두 딸을 학교와 유치원에 보낸 후, 집안일을 시작합니다. 하지만 화장실에 갈 때 변기를 닦는 등 '하는 김에 끝내는 청소'의 습관화로 따로 많은 시간이 들지 않아요. 또 더러움이 눈에 띄면 바로 청소하다보니 대청소는 필요없습니다. 휴일에는 마음 편히 놀면서 가족에게 더 충실할 수 있습니다.

a.r.r.y 씨

가족 : 남편, 딸(10세, 8세)
사는 곳 : 단독주택
회사원
【인스타그램】 2___a___4
https://www.instagram.com/2___a___4/

나의
청소와 정리 철학

물건을 줄여 시야가 탁 트이면
시간과 마음에 여유가 생겨요

청소라면 뭐든지 좋아합니다. 청소에 몰두하면 잡념이 사라지면서 스트레스가 해소되거든요. 철저하게 하지만 가족이 할 때는 같은 수준을 요구하지 않습니다. 그래서 중점을 두고 있는 부분은 제가 스스로 합니다. 또 청소를 편하게 하기 위해 집안을 늘 정리 정돈합니다. 물건이 적어지면 관리가 쉬워지고 물건을 이리저리 옮겨가면서 힘들게 청소해야 하는 장소가 확 줄어듭니다. 1년 정도 걸려서 물건을 반 정도 처분했더니 청소 부담이 많이 줄었습니다.

kaori 씨

가족 : 남편, 딸(7세), 아들(4세)
사는 곳 : 단독주택
파트타임
【인스타그램】 kaori.y.t
https://www.instagram.com/kaori.y.t/

청소는 쌓이지 않게 조금씩

청소를 정말 싫어했습니다. 하지만 약 1년 전, 집을 사면서 거실과 주방은 정리하기 쉽고 청소하기 편한 것에 중점을 두고 매일 조금씩 청소와 정리정돈을 하고 있어요. 자극이 없는 내추럴 세제를 씁니다. 매일 리셋하는 주방에서는 베이킹소다, 구연산, 또 세제를 사용하지 않아도 되는 아크릴 수세미를 씁니다. 청소는 싫지만 끝낸 다음 개운한 기분을 사랑합니다.

s.k.m.f 씨

가족 : 남편, 아들(8세, 5세)
사는 곳 : 단독주택
주부
【인스타그램】 s.k.m.f
https://www.instagram.com/s.k.m.f/

청소를 싫어하기 때문에
더욱 부지런히 치웁니다

사실 청소는 집안일 중에서 가장 하기 싫고 귀찮아요. 그래서 가능한 집을 더럽히지 않고 먼지도 쌓이지 않게 노력하고 있어요. 청소 도구와 세제는 심플하게 구비하고 빠르고 간단한 청소법으로. 아무리 편리해도 무겁고 조작이나 사용법이 복잡한 청소 도구는 사지 않습니다. 쓰기 편한지를 가장 중요하게 생각. 특히 힘을 쏟는 부분은 바닥청소와 러그 청소. 고양이를 키우기 때문에 고양이털을 치우려고 청소기를 열심히 돌리고 있습니다. 주방 싱크대 청소는 좋아합니다.

gomarimomo 씨

가족 : 딸(21세, 1세)
사는 곳 : 아파트
주부
【인스타그램】 gomarimomo
https://www.instagram.com/gomarimomo/

매일 청소로 기분 좋게
살아갈 수 있습니다

매일 제대로 청소하면 기분 좋게 살아갈 수 있습니다. 가족들도 하나하나 표현하진 않아도 분명히 그렇게 느낄 거예요. 새집으로 이사하고 얼마간은 '청소해야만 해'라는 생각에 사로잡혀서 생활이 갑갑했습니다. 지금은 '이제 슬슬 해볼까'라는 감각에 맡기고 청소 계획을 대충 세우고 있습니다. '내일 해도 돼.'라고 편하게 생각하자 마음이 홀가분하면서 매일 지속할 수 있게 되었어요.

kanaria 씨

가족 : 어머니, 남편, 딸(3세)
사는 곳 : 단독주택
자영업
【인스타그램】 kanaria_ouchi
https://www.instagram.com/kanaria_ouchi/

가족들과 시행착오를
거치면서 함께 청소합니다

한창 어지르고 더럽힐 나이의 아이들 셋이 있으면 집 안의 깨끗함을 계속 유지하는 건 어려운 일. 그래도 하루에 한번, 거실과 다다미방은 자기 전에 깨끗하게 리셋하려고 노력합니다. 엄마의 일은 청소만 있는 것이 아니기 때문에 바닥에 물건을 놓지 않고 아이들이 정리하기 쉽도록 수납하는 등 청소하기 쉬운 환경을 만들어 청소에 많은 시간을 들이지 않도록 머리를 씁니다. 혼자 동동거리지 않고 가족들과 함께, 또 가전의 힘도 빌리면서 스트레스를 느끼지 않을 정도로만 노력하고 있어요.

chiaki 씨

가족 : 남편, 아들(7세, 4세, 2세)
사는 곳 : 단독주택
육아휴직 중
【인스타그램】 k.h.s.0906
https://www.instagram.com/k.h.s.0906/

의무가 되지 않게
일상생활 속에 끼워넣습니다

가족 모두가 기분 좋게 지낼 수 있는 집, 그것이 중요하다고 생각합니다. 청소를 하면 제 기분도 상쾌해지므로 침울할 때일수록 청소를 합니다. 집 안이 늘 깨끗한 것이 이상적이지만 거기에 너무 집착해서 의무가 되어버리면 지치고 스트레스가 됩니다. 청소기 돌리기와 화장실 청소, 주방 리셋 등 매일 하는 청소는 생활습관으로 만들어 힘들이지 않고 할 수 있지만 환기팬이나 마루 닦기 등은 여유가 있을 때 합니다.

SHOKO 씨

가족 : 남편, 아들(16세, 5세), 딸(7세)
사는 곳 : 단독주택
파트타이머
【인스타그램】 4696mono1222_shoko
https://www.instagram.com/4696mono1222_shoko/

집이 더러우면 짜증이 모락모락 깨끗한 공간을 유지하고 싶어요

집안일 중에서 가장 좋아하는 것이 청소입니다. 깨끗하게 정돈된 공간에서 지내는 것이 참 좋습니다. 어질러지거나 더럽혀지면 점점 짜증이 나면서 스트레스가 쌓입니다. 아이패드로 음악을 들으면서 즐겁게 청소를 합니다. 텔레비전을 보면 자꾸 청소를 멈추게 되므로 틀지 않습니다. 물 쓰는 곳에 더러움이 쌓이면 골치. 더러워지기 쉬운 장소일수록 깨끗함을 유지할 수 있도록 세면대 등은 사용 후 바로 물을 닦아내는 등 열심히 청소하고 있습니다.

naoko 씨

가족 : 남편, 딸(9세), 아들(7세)
사는 곳 : 단독주택
파트타이머
【인스타그램】@popo.nao
https://www.instagram.com/popo.nao/

청소는 집의 차림새 게임처럼 즐겁게 할 수 있어요

청소는 가족과 손님을 불쾌하지 않게 하기 위한 예의 바른 차림새입니다. 또 반짝반짝하게 닦고 깨끗하게 치우는 행위가 스트레스를 해소하는 수단이 되기도 해요. 귀찮은 마음이 들어도 일단은 움직여봅니다. 또 어떻게 하면 즐겁게 할 수 있을지 아이디어를 내기도 합니다. '이것을 몇 분 안에 할 수 있을까?', '욕조에 뜨거운 물이 찰 때까지 설거지를 끝내기' 등 게임처럼 즐기고 있습니다.

치비카오 씨

가족 : 딸(7세)
사는 곳 : 아파트
회사원
【인스타그램】___k___319
https://www.instagram.com/___k___319/
【블로그】white room
http://blog.livedoor.jp/hiiyan319/

매일 사용하는 곳은 간단하게라도 매일 리셋

집이 더러우면 마음이 안정되지 않기 때문에 청소합니다. 주방, 욕실, 세면대, 화장실 등 매일 사용하는 장소는 청소를 거르지 않습니다. 단 매일하므로 시간을 들이지 않고 빨리 할 수 있는 간단한 것만. 이렇게라도 꾸준하게 지속하면 더러움이 쌓이지 않아 대청소할 필요없이 해결됩니다. 바닥에 물건을 두지 않고 편하게 움직일 수 있도록 늘 주의를 기울입니다. 주방의 식기건조대를 없애고 캐스터가 달린 밑판 위에 세탁기를 올려놓았어요. 또 다리가 달린 가구를 사용해서 청소하기 편한 환경을 만듭니다.

Mai 씨

가족 : 남편
사는 곳 : 단독주택
파트타이머
【인스타그램】gpgp_ismart
https://www.instagram.com/gpgp_ismart/

청소를 하면 기분이 상쾌해요

매일매일 쾌적하게 지내기 위한 토대, 그것이 청소입니다. 청소를 하면 집 안도 마음도 개운해져서 삶에 의욕이 생깁니다. 목욕하는 김에 욕조 청소, 세수하는 김에 세면대 청소 등 일상의 움직임 속에 청소를 끼워 넣어서 의식하지 않고도 간단하게 할 수 있도록. 반대로 더러움이 쌓이기 쉬운 장소, 하기 귀찮은 장소는 어떻게 해야 원활하게 청소를 할 수 있을지 항상 고민하고 있습니다. 주방, 욕실, 세면대가 특히 주의를 기울이는 장소. 청소 효과를 바로 확인할 수 있고 더러움이 쌓이면 청소가 힘들어지는 곳이기 때문입니다.

pyokopyoko 씨

가족 : 남편, 딸(5세, 2세)
사는 곳 : 단독주택
육아휴직 중
【인스타그램】pyokopyokop
https://www.instagram.com/pyokopyokop/

다른 집안일을 열심히 하기 위해서
집을 깨끗하게 합니다

집이 깨끗하면 요리나 세탁 등 귀찮은 집안일을 바로 시작할 수 있습니다. 그래서 청소를 열심히 합니다. 반짝거리는 집을 보면 의욕이 생기니까요. 특히 열심히 하는 곳은 주방. 우리 집 주방은 올 스테인리스라서 관리를 게을리하면 바로 티가 납니다. 그래서 쓸 때마다 바로 닦고 청소는 가능한 매일 꼭 하는 것이 방침. 하루 스케줄 속에 청소를 포함시킵니다.

moe9646 씨

가족 : 남편, 딸(10세)
사는 곳 : 단독주택
주부
【인스타그램】 moe9646
https://www.instagram.com/moe9646/

더러워지지 않도록 주의합니다

살기 편한 공간을 만들기 위해서 청소를 열심히 합니다. 한번 더러워지면 힘들기 때문에 더럽히지 않도록 아이디어를 짭니다. 가스레인지 후드에 필터를 붙이거나, 욕실에 곰팡이 방지 훈연제 피우기, 배수관까지 깨끗하게 해주는 세제 사용하기, 물건은 집어넣어서 먼지가 쌓이지 않도록 합니다. 손님이 온다면 평소에 보고도 못 본 척했던 때를 제거하기 위해 움직이게 되므로 집에 사람들을 초대하는 것도 청소의 동기가 됩니다.

mayumi 씨

가족 : 남편, 아들(4세), 딸(1세)
사는 곳 : 단독주택
주부
【인스타그램】 mayumichan12
https://www.instagram.com/mayumichan12/

청소는 이제 일상에 정착
하지만 무리하지 않습니다

매일 반드시 하는 청소는 이제 완전히 일상으로 정착. 힘들다는 생각은 들지 않습니다. 생활을 풍요롭게 하고 몸과 마음을 건강하게 지키기 위해 정말 중요한 것입니다. 하지만 지쳤을 때 반드시 청소를 해야만 한다는 생각은 정말 스트레스. 청소 의욕이 떨어졌을 때는 무리하지 않습니다. 반대로 의욕이 넘칠 때는 한 번에 구석구석까지 반짝반짝하게 청소기도 하지요. 규칙을 정하지 않고 즐겁게 할 수 있도록 하는 것이 방침입니다.

yuri 씨

가족 : 남편, 딸(4세)
사는 곳 : 단독주택
주부
【인스타그램】 yu.ha0314
https://www.instagram.com/yu.ha0314/

더러운 것이 눈에 띄면
바로 없애려고 노력합니다

청소란 나 자신에게 여유를 주기 위한 수단이라고 생각합니다. 전에는 청소를 싫어해서 어질러진 것을 보고도 못 본척하기도 했었요. 하지만 새 집으로 이사를 온 후 1년 반, 즉시 청소하자는 마음가짐을 갖게 되었습니다. 로봇청소기인 룸바로 바닥을 청소하면서 주방에서 설거지를 하는 등, 동시진행. 특히 힘을 쏟는 곳은 주방.

유키탄 씨

가족 : 남편, 아들(13세), 딸(7세)
사는 곳 : 단독주택
간호사
【인스타그램】 yukitan_home
https://www.instagram.com/yukitan_home/
【블로그】 기타노쿠니노 ismart
ismart2-kitanokuni.com

CHAPTER 03

청소와 정리에 유용한 아이템

인스타그래머들에게 인기있는 세제·클리너를 소개합니다.
제균, 소취, 걸레질에 사용할 수 있는 '파스토리제77'을 비롯해
산소제 표백제, 베이킹소다 그 외 다양한 세제류의 활용 노하우를 배워봅니다.

■ 파스토리제 활용법

mayumi 씨(@mayumichan12)

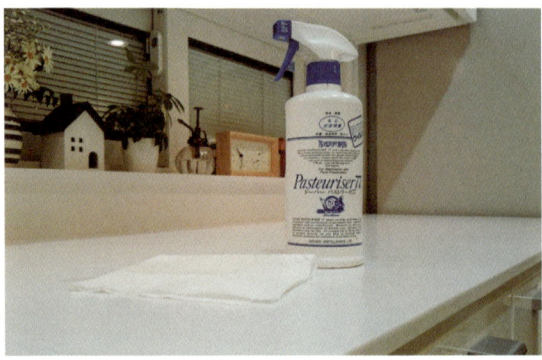

유리막 코팅된 문을 닦으면 반짝반짝

청소에 절대 빼놓을 수 없는 동반자인 파스토리제는 주방과 세면실에서 특히 유용합니다. 우리 집은 문 등에 유리막 코팅이 되어있어서 더러움이 눈에 잘 띄는데 파스토리제로 닦으면 반짝반짝. 수납장 서랍 안과 손잡이 등도 이것으로 청소. 빨아 쓰는 키친타올을 사용해서 닦습니다.

음식물 쓰레기 냄새 제거에도 효과적

fuminco 씨(@ie_koto)

'청소'라고 하면 먼지와 쓰레기 제거를 말하지만 제균이나 소취도 청소의 중요한 부분. 파스토리제는 물 쓰는 곳 제균에 빼놓을 수 없는 아이템. 도마, 식칼, 수전, 식기나 식품에도 사용할 수 있습니다. 음식물 쓰레기를 버릴 때 봉지에 2~3번 뿌려두면 냄새도 막을 수 있어요.

pyokopyoko 씨(@pyokopyokop)

제균, 걸레질 어디에든 사용합니다

고농도 알코올이므로 주로 제균과 걸레질에 사용합니다. 제균은 도마, 수세미, 주방의 조리대, 식탁, 냉장고 안과 문, 세탁조와 세탁기 거름망 등을 합니다. 매실장아찌나 일본된장 같은 보존 음식을 만들 때도 용기에 뿌립니다. 또 닦은 자국을 남기고 싶지 않은 수전과 창문, 거울 등을 청소할 때 사용합니다.

kanaria 씨(@kanaria_ouchi)

파스토리제와 자루걸레로 바닥 걸레질

청소기를 돌린 다음, 걸레질을 할 때 파스토리제를 사용합니다. 마루에 뿌린 다음, 물에 적셨다가 꽉 짠 자루걸레로 조금씩 걸레질. 뿌린 다음 닦아내는 것을 반복하며 뒤로 가는 방법입니다. 집에 손님이 많이 오고 아이들도 어린이집에서 균에 노출되므로 파스토리제로 제균하고 있습니다.

스즈 씨(@suzu1985)

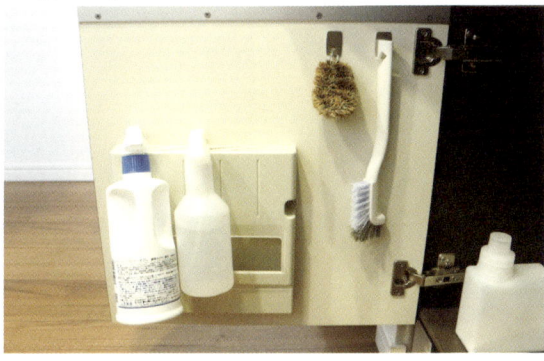

노로바이러스 격퇴를 위해서 주방에 상비

일반 알코올은 노로바이러스를 제균하지 못하지만 파스토리제는 가능합니다. 염소계 표백제를 쓰지 않고 이것 하나로 끝낼 수 있어 큰 도움이 됩니다. 주방에서는 자주 사용하므로 싱크대 밑, 식기장 칼집에 걸어서 수납합니다. 화장실에도 상비해놓고 청소에 사용합니다.

a.r.r.y 씨(@2__a__4)

여러 곳에서 사용하기 때문에 업소용 구입

주방, 화장실 청소와 제균에 매일 사용하는 파스토리제. 주방, 세면실, 1층 화장실, 2층 화장실에 상비하고 있습니다. 5리터 리필용이 순식간에 없어지기 때문에 15kg 업소용을 구입. 5리터 사이즈 수납용기에 옮겨 담고 세리아 분무기에 소분해서 4곳에 놓습니다.

■ 산소계 표백제 활용법

a.r.r.y 씨(@2__a__4)

**욕조 담그기와
바닥 청소에 대활약**

욕실의 때 제거, 표백에 산소계 표백제를 사용합니다. 욕조에 60도의 뜨거운 물을 채우고 산소계 표백제를 넣고 잠시 방치. 목욕 의자와 뚜껑 등도 함께 넣습니다. 산소계 표백제에 담글 때는 바닥으로 뜨거운 물이 흘러넘치도록. 배수구의 머리카락 거름망을 비닐봉지에 넣은 다음, 다시 배수구에 끼우면 뜨거운 물이 고입니다. 평소에도 바닥에 옥시크린을 뿌리고 브러시로 박박 문지르면 반짝반짝해집니다.

a.r.r.y 씨(@2__a__4)

아이 실내화도 새하얗게

표백에도 효과적인 산소계 표백제. 주말마다 새까매져서 돌아오는 아이들 실내화 세탁에도 효과적입니다. 실내화를 손으로 빠는 것은 정말 귀찮은 일이지만 산소계 표백제에 담그면 간단. 산소계 표백제를 녹인 뜨거운 물에 1시간 정도 담갔다가 그대로 세탁기에 넣습니다. 기분까지 좋아질 정도로 새하얘집니다.

kaori 씨(@kaori.y.t)

낭비없이 다 사용하는 방법

목욕하고 남은 따뜻한 물에 3~4 스푼 넣고 휘저어서 거품이 나면 욕조를 청소합니다. 다음은 이 뜨거운 물을 양동이로 퍼서 세탁기 속으로. 세탁기 세정모드를 돌립니다. 세숫대야와 목욕의자, 환기팬 필터, 욕실 배수구 뚜껑, 쓰레기통 뚜껑 등 넣을 수 있는 것은 뭐든지 넣어서 담가둡니다. 2시간 후, 뜨거운 물을 빼고 헹굽니다.

현관 타일의 때도 깨끗하게

현관은 신발에 묻은 흙과 모래로 금방 더러워지므로 산소계 표백제로 문질러서 청소. 양동이에 40도 정도의 뜨거운 물을 넣고 뚜껑 1컵 분량을 넣어서 녹입니다. 바닥에 뿌리고 데크 브러시로 문지른 다음, 물로 헹구면 흙때도 깨끗하게 빠집니다. 눈이 녹아서 더러워지기 쉬운 계절에도 이 방법으로 깨끗하게 관리합니다.

유키탄 씨(@yukitan_home)

스즈 씨(@suzu1985)

식기세척기의 거뭇거뭇한 때도 제거

식기세척기 배수 부근의 거뭇거뭇하고 끈적끈적한 때가 신경 쓰일 때 산소계 표백제를 사용. 일반코스로 돌려주기만 하면 박박 문지르지 않아도 때가 떨어집니다.

■ 베이킹소다 활용법

친환경세제의 대표격인 베이킹소다. 주방, 화장실, 욕실 청소에 유용. 구연산과의 시너지 효과도 좋아요.

s.k.m.f 씨(@s.k.m.f)

전자레인지에 베이킹소다를 돌리기만 해도 냄새 제거

전자레인지는 베이킹소다를 써서 내추럴 클리닝. 내열용기에 물 소량과 1큰술 정도의 베이킹소다를 넣고 500W에서 5분 돌립니다. 30분 정도 방치, 때가 불었으면 닦아냅니다. 마지막은 파스토리제 등의 알코올 스프레이를 뿌리고 닦아냅니다. 아주 지독한 때는 멜라민 스펀지를 쓰지만 어느 정도는 베이킹소다만으로 깨끗해집니다. 월1회 청소.

s.k.m.f 씨(@s.k.m.f)

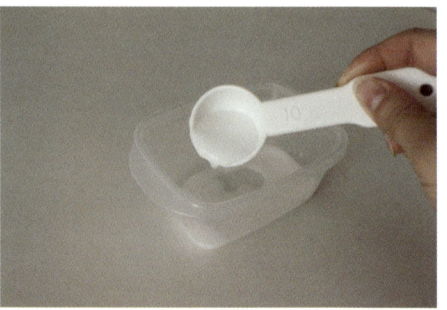

직접 만든 베이킹소다 페이스트를 클린저 대신 사용

내추럴 클리닝을 실천하는 우리 집에서 베이킹소다는 빼놓을 수 없는 아이템입니다. 주방은 베이킹소다 페이스트로 청소. 베이킹소다에 소량의 물을 넣고 페이스트 상태로 만들기만 하면 끝. 이것으로 주방 조리대를 청소합니다. 시판 클린저보다 흠집이 잘 나지 않아서 좋아요. 페이스트를 조리대에 올려놓고 스펀지로 살살 문지르면서 닦아줍니다. 한꺼풀 벗겨진 것처럼 깨끗해집니다. 한 달에 한번 조리대가 노래진 것 같으면 청소합니다.

세제 · 클리닝

kanaria 씨(@kanaria_ouchi)

주방 배수구 미끌거림 제거에 활용

주방 배수구 청소에 사용합니다. 베이킹소다와 구연산을 배수구에 넣고 50~60도의 뜨거운 물을 부어주면 거품이 생기면서 배수구로 흘러 내려갑니다. 잠시 방치하면 끝. 구연산과 섞이면서 발포되고 미끈거림이 제거됩니다. 냄새도 없어진 듯한 기분이 듭니다.

베이킹소다로 변기 물탱크 청소

베이킹소다 1컵을 변기 물탱크 속에 넣고 5시간 이상 밤새 그대로 둡니다. 아침에 일어나서 물을 내리면 변기 물탱크 속이 깨끗해집니다. 베이킹소다가 변기에 때가 잘 붙지 않게 하는 효과가 있으므로 한 달에 한번 정도 청소.

치비카오 씨(@___k___319)

치비카오 씨(@___k___319)

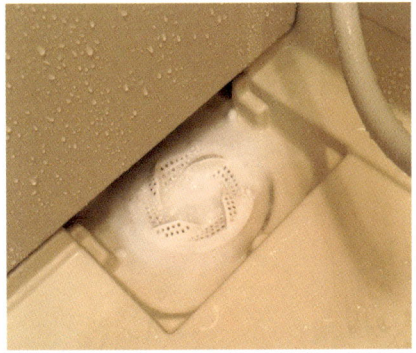

배수구 미끈거림과 물때를 깨끗이 청소

욕실 배수구의 미끈거림과 지저분한 부분을 베이킹소다로 깨끗하게 청소합니다. 우선은 베이킹소다를 배수구에 뿌리고 구연산수를 뿌려서 발포시킵니다. 잠시 방치했다가 물로 헹궈주기만 하면 됩니다. 구연산과 섞었을 때 발생하는 거품이 때를 제거해줍니다. 매일 계속하면 청소가 쉽습니다.

Detergent , Cleaner

■ 그 외 유용한 세제 활용법 ①

pyokopyoko 씨(@pyokopyokop)

기름때에는 세스퀴탄산소다

세스퀴탄산소다 1/2작은술과 물 180ml를 스프레이병에 넣습니다. 가성비가 좋기 때문에 편하게 막 쓸 수 있는 것도 좋은 점. 기름때가 잘 제거되기 때문에 주방에서는 인덕션, 환기팬, 바닥과 벽의 기름때 청소에 좋습니다. 피지때에도 강하기 때문에 집안 스위치나 난간, 벽지 손때 제거, 바닥걸레질에도 사용합니다.

집안 청소에 녹색마녀 활용

독일에서 탄생한 내추럴 세제, 녹색마녀. 친환경 성분입니다. 오른쪽부터 욕실용, 세탁용, 주방용, 식기세척기용으로 여러 장소에서 사용합니다. 녹색마녀로 닦고 물로 헹구면 배수관 속도 깨끗. 배수관 클리너로도 사용할 수 있어 좋습니다.

mayumi 씨(@mayumichan12)

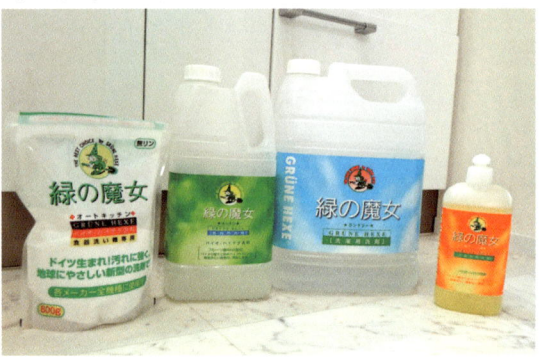

kaori 씨(@kaori,y,t)

멜라민 스펀지로 청소 완료

멜라민 스펀지는 물로 적셔서 문지르는 방식입니다. 주방 조리대, 식탁, 원목 카운터, 장판, 벽지 청소 등에 사용합니다. 우타마로 클리너와의 궁합은 최강. 걸레받이나 현관타일은 클리너를 약간 묻혀서 문지르면 거뭇거뭇했던 것이 새하얘집니다. 닦은 얼룩이 남지 않아 좋아요.

mayumi 씨(@mayumichan12)

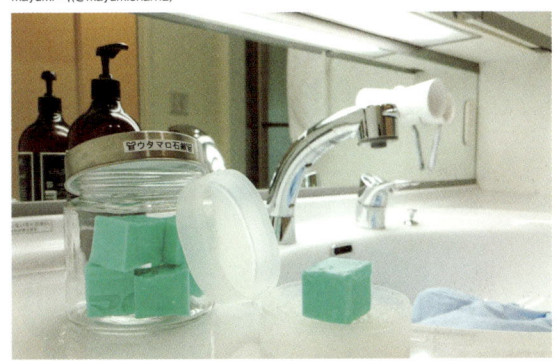

안 빠지는 진흙 때는 우타마로 비누

쉽게 더러워지는 아이들의 옷은 우타마로 비누로 깨끗하게 세탁할 수 있습니다. 비누를 칠한 다음, 문질러서 세탁기 속으로. 때가 잘 빠졌는지 확인하는 것은 즐거운 일입니다. 우타마로 비누는 사이즈가 커서 큐브 형태로 잘라서 무인양품 뚜껑이 부착된 비누 트레이에 보관합니다.

카펫 클리너로 의자 커버 관리

니토리 카펫 클리너는 패브릭 제품 전반의 오염을 제거하는데 사용합니다. 의자 커버에 아이들이 연필로 낙서를 했을 때도 클리너를 뿌린 다음 문지르면 놀랄 정도로 잘 지워집니다. 물론 카펫 오염 제거에도 좋아요. 아이들이 어려도 흰색 카펫을 사용할 수 있습니다.

유키탄 씨(@yukitan_home)

유키탄 씨(@yukitan_home)

중성 클리너로 싱크대 반짝반짝

우리 집은 인조대리석 새하얀 수지 싱크대. 잘 더러워지지만 1~2개월에 한번 '대단한 물때 제거제'라는 중성클리너를 사용합니다. 천연소재로 오염이 잘 제거되어 흠집이 나지 않고 손도 거칠어지지 않습니다. 사용한지 1년 지났지만 지금도 반짝반짝합니다.

그 외 유용한 세제 활용법 ②

gomarimomo 씨(@gomarimomo)

사니본이라면 흐르는 물만으로 깨끗해집니다

세면대 배수전에는 고바야시 제약의 사니본 거품 파워를 씁니다. 면봉으로 이물질을 제거하고 사니본을 뿌려서 방치. 흐르는 물만으로 깨끗해지고 냄새도 제거. 배수구에도 뿌립니다.

yuri 씨(@yu.ha0314)

기무라 비누의 향기에 힐링

기무라 비누의 청소가루로 욕실을 청소합니다. 욕조, 세면볼, 샤워기헤드까지 전부 청소할 수 있습니다. 정말 좋은 레몬그라스향에 힐링되면서 청소하고 싶은 의욕이 생깁니다.

yuki 씨(@yuki_00ns)

원목 가구는 오렌지 오일

원목 가구에 광택이 사라져가면 하워드의 오렌지 오일을 사용합니다. 때를 제거하고, 오일로 광택과 영양을 줍니다. 끈적이지 않아 사용하기 쉽습니다. 오래된 티셔츠로 닦습니다.

nozo 씨(@noz__ie)

가구용 스프레이로 소파 청소

평소에는 청소기만 돌리고, 가끔 머치슨흄의 에브리데이 퍼니처 스프리츠를 뿌리고 닦아줍니다. 그냥 젖은 걸레로 닦는 것보다 때가 덜 탑니다. 자몽향도 기분이 좋습니다.

■ 세제 분류

kaori 씨(@kaori.y.t)

오염별로 알칼리성, 산성 선택

세제는 알칼리성과 산성으로 분류. 알칼리성 세제는 주방의 기름때나 욕실의 피지때를 제거하는데 효과적. 손이 거칠어지므로 고무장갑을 끼고 사용합니다. 산성세제는 물때, 요석이 신경쓰이는 화장실 등에서 사용. 2개를 섞으면 유독가스가 발생하므로 주의해야 합니다.

알칼리성 세제

이런 오염에는…
기름때, 손때, 피지때

- 세스퀴탄산수
- 산소계 표백제
- 곰팡이 제거용 스프레이
- 어빌리티 크린

산성 세제

이런 오염에는…
손때, 녹, 비누찌꺼기

- 구연산
- 산포르

Cleaning Item

■ 무인양품, 100엔 균일가숍, 니토리

kanaria 씨(@kanaria_ouchi)

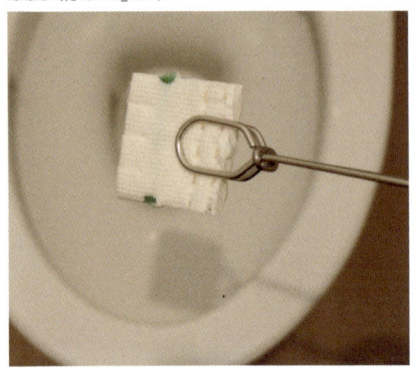

무인양품 스펀지 프레임을 변기용으로

무인양품의 손잡이 달린 스펀지 프레임 부분에 변기에 내려버릴 수 있는 변기 브러시 리필을 끼워서 활용. 원래는 주방용이지만 디자인도 좋고 손을 더럽히지 않고 변기 청소를 할 수 있어 화장실에서 사용합니다. 청소가 끝나면 훅에 걸어둡니다.

fuminco 씨(@ie_koto)

종이류는 무인양품 박스에 수납

무인양품의 수납 캐리박스 와이드를 사용. 카드와 종이접기, 트럼프 등을 모아서 수납합니다. 한 칸막이에 한 아이템을 넣고 바닥에는 라벨을 붙입니다. 손잡이가 있어 아이들도 놀고 스스로 정리할 수 있습니다.

유키탄 씨(@yukitan_home)

변기 청소 시트는 스토리지 케이스

변기 청소용 시트는 세리아의 스토리지 케이스에 담아둡니다. 심플한 흰색으로 어디에나 어울리는 디자인. 사이즈도 딱 맞습니다. 무척 마음에 들어서 아이들의 크레용이나 연필통으로도 씁니다.

moe9646 씨(@moe9646)

욕실용품 수납은 세리아 훅

욕실의 청소용품은 전부 세리아의 흡반식 훅에 걸어서 수납합니다. 거는 곳이 두 갈래로 나뉜 흡반식 훅에는 천정 청소용 스펀지와 스퀴지를 걸어놓았어요. 아래의 세숫대야를 건 훅도 모두 세리아. 물기가 완전히 빠집니다.

청소 아이템

gomarimomo 씨(@gomarimomo)

캔두의 케이블클립에 칫솔 수납

캔두의 케이블클립을 칫솔걸이로 사용하고 있습니다. 원래는 케이블 선 정리용이지만 무척 편리해서 2~3년 애용 중. 접착테이프가 달려있어 세면대 수납장의 안쪽에 붙여 보이지 않도록 했습니다.

miiiika_home 씨(@miiiika_home)

캔두의 청소 시리즈

현관 청소에 사용하는 브러시와 빗자루는 캔두에서 구입한 것입니다. 전용 신축봉은 끝부분에 청소 부품을 바꿔 끼울 수 있어 공간이 절약됩니다. 100엔인데 털도 탄탄합니다.

치비카오 씨(@___k___319)

니토리 비누받침에 배수구 거름망

욕실 배수구 거름망은 니토리 흡착 비누걸이에 수납합니다. 원래는 비누받침이지만 물 빠짐 구멍이 작아서 거름망을 넣어도 빠지지 않습니다. 욕조에 붙여 놓으면 교환하기 쉽습니다.

kaori 씨(@kaori.y.t)

다이소의 행주를 일회용으로

우리 집 걸레는 다이소의 2장 세트 행주. 약 한 달 정도 조리대를 닦는 용도로 쓴 다음 바닥이나 창문을 닦는 용으로 씁니다. 한번 걸레가 되면 그대로 버리기 때문에 새까맣게 될 때까지 청소합니다.

Cleaning Item

■ 디자인이 예쁜 청소 아이템

fuminco 씨(@ie_koto)

양모 먼지떨이

아침 집안일의 하나인 먼지털기는 mi woollie의 양모 먼지떨이 S사이즈를 사용합니다. 울 100%로 디자인과 기능성을 갖춘 우수한 아이템입니다. 매일 먼지가 쌓이는 전구의 갓, TV 장식장, 가구 순으로 재빨리 먼지를 털어줍니다. 서큘레이터를 청소할 때도 딱 좋습니다. 거실벽에 마키타 무선청소기와 함께 걸어놓습니다.

모노톤 아크릴수세미

아크릴 수세미로 싱크대와 수전 등을 문질러서 닦아줍니다. 멜라민 스펀지보다 부드럽고 흠집도 내지 않으면서 수전을 깨끗하게. 수세미는 컬러풀한 디자인이 많은데 sisdesign monotone market의 워시워시 아크릴 수세미는 모노톤의 심플한 디자인. 인테리어에도 잘 어울려서 마음에 들어요.

s.k.m.f 씨(@s.k.m.f)

nozo 씨(@noz__ie)

노다 법랑 양동이

노다 법랑의 새하얀 뚜껑이 있는 양동이. 아름다운 모습에 한눈에 반했습니다. 걸레는 싫어하지만 덕분에 즐겁게 할 수 있을 것 같습니다. 노다호로는 정말 좋아하는 브랜드입니다. 마음에 드는 것은 집안일에 적극 활용. 좋아하는 아이템이 있으면 청소 의욕도 높아집니다.

청소 아이템

nozo 씨(@noz__ie)

북유럽 디자인의
거실 다용도걸이

거실 벽에는 아이들 장난감이나 기저귀를 천가방에 넣어서 수납합니다. 가방은 ferm LIVIN의 유기농면 100%입니다. 벽에 다용도걸이를 달아 바닥에 물건을 두지 않게 되었습니다. 청소가 훨씬 편해졌습니다. 다용도걸이는 MUUTO의 THE DOTS시리즈입니다.

손잡이가 길어 편리한
먼지떨이

부드러운 산양털 먼지떨이로 손잡이는 80cm로 긴 편. 디자인이 예쁘고 꺼내놔도 인테리어에 위화감 없이 어울립니다. 손잡이가 길어서 높은 곳의 먼지를 간단하게 털 수 있어요. 걸레받이 등의 낮은 곳의 먼지도 선 채로 털 수 있어서 편리. 손잡이에 끼우는 구멍이 2개 있어서 각도를 바꿀 수도 있습니다.

pyokopyoko 씨(@pyokopyokop)

mayumi 씨(@mayumichan12)

덜튼의 수건 홀더

주방 수건은 덜튼의 수건 홀더에 끼워서 고정. 심플해서 제 취향입니다. 지금까지는 싱크대 밑 서랍에 걸어두었지만 아래 단의 서랍에 자꾸 껴서 스트레스였습니다.

Chapter_03

Cleaning Item

■ 마음에 드는 편리한 아이템 ①

nika 씨(@nika.home)

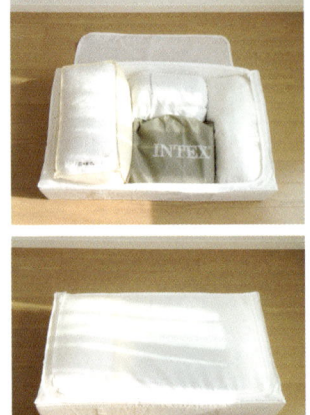

손님용 이불은 콤팩트하고 관리가 쉬운 것으로

우리 집에는 큰 붙박이장이 없기 때문에 손님용 이불은 콤팩트한 것을 골랐습니다. 침대는 인텍스의 에어매트입니다. 공기를 빼면 작아지고 진드기 걱정도 없습니다. 깃털이불은 베르메종 데이즈, 모포는 CHARMANTEBONHEURDML 극세사 모포. 전부 통째로 빨 수 있습니다. 수납 케이스는 IKEA의 SKUBB 시리즈로 세워 놓을 수 있어 사용하기 편리합니다.

fuminco 씨(@ie_koto)

금방 마르는 매끈하고 얇은 러그

우리 집은 얇은 러그를 연중 깔아 둡니다. 여름에는 발에 닿는 느낌이 시원해서 기분이 좋고, 겨울에는 러그 밑에 전기장판을 깔아도 금방 따뜻해집니다. 추운 겨울엔 털이 긴 러그를 까는 경우가 많지만 아직 아이들이 어려서 언제 어떤 때라도 바로 빨 수 있는 것을 골랐어요. 3시간 만에 말라서 관리가 쉽습니다.

청소 아이템

nika 씨(@nika.home)

가벼워서 들기 쉬운
알루미늄 스텝

에어컨이나 환기팬 등 높은 곳을 청소할 때 빼놓을 수 없는 것이 스텝. 베르메종데이즈의 경량 알루미늄 스텝을 사용합니다. 1~3단이 있지만 저는 화이트인 3단을 애용 중. 꽤 가벼운 편이라 한손으로도 쉽게 들 수 있어요. 작게 접어 수납할 수 있는 것도 마음에 듭니다.

현관에는 관리하기 쉬운
규조토 매트

집에 돌아올 때는 발에 땀이 나는 경우가 많지만 현관매트를 깔아두면 세탁이 문제. 그래서 규조토 매트를 둡니다. 외출할 때까지는 벽에 기대놓았다가 집에 들어올 때 바닥에 깔아줍니다. 남편은 여기에 일단 올라가서 양말을 벗습니다. 양말은 그대로 세탁기 속으로. 쓰고 나면 파스토리제를 뿌린 다음 가볍게 닦아줍니다. 그 다음은 기대 세워놓고 응달에서 말립니다.

izabel13ok 씨(@izabel13ok)

yuri 씨(@yu.ha0314)

세제 없이
물로 반짝반짝해지는 행주

MQ-Duotex의 니트 클로스와 텍스 클로스. 세제를 사용하지 않고 물만으로 반짝반짝해지는 뛰어난 아이템입니다. 수도꼭지도 가스레인지도 이것으로 매일 밤 물걸레질. 창문을 닦을 때는 니트 클로스로 물걸레질을 한 다음, 텍스클로스로 마른 걸레질을 하면 닦은 자국이 남지 않습니다.

Chapter_03

Cleaning Item

■ 마음에 드는 편리한 아이템 ②

Mai 씨(@gpgp_ismart)

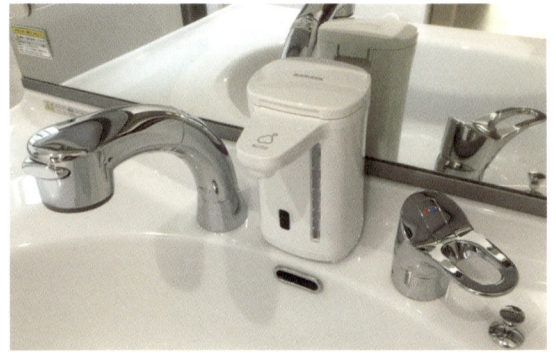

위생적인 비누 디스펜서

사라야의 노터치식 자동 디스펜서를 세면실에서 사용합니다. 손을 적신 후에 젖은 손으로 손세정제통을 만질 필요가 없어서 세면대가 질척거리지 않는데다가 위생적으로 손을 씻을 수 있습니다. 지금까지 가족이 세면대를 정리하지 않고 나오면 화가 났는데 이것으로 해결되었습니다.

IKEA 툴로 조리기구 정리

싱크대 밑의 조리기구는 IKEA의 냄비 뚜껑 정리툴을 이용해서 세우는 수납을 했습니다. 기구의 크기에 맞춰서 폭을 조절할 수 있는 것이 포인트. 바닥에 미끄럼 방지 처리가 되어 있어 서랍을 여닫을 때 밀리지 않습니다. 또 바닥에 직접 닿지 않은 상태로 수납되어 있기 때문에 잘 더러워지지 않습니다. 가끔 파스토리제로 닦아줍니다.

izabel13ok 씨(@izabel13ok)

mayumi 씨(@mayumichan12)

식기건조기 대신 스펀지 행주

스펀지 행주를 싱크대 옆에 깔고 설거지한 식기를 올려놓습니다. 스펀지 행주는 흡수성이 좋고 잘 마릅니다. 그리고 세탁기에서 쉽게 빨 수 있어서 편리. 전에는 식기건조기를 사용했는데 신경을 써도 금방 물때가 생겨서 청소가 매번 귀찮았습니다. 건조대를 없애니 주방도 깔끔.

청소 아이템

s.k.m.f 씨(@s.k.m.f)

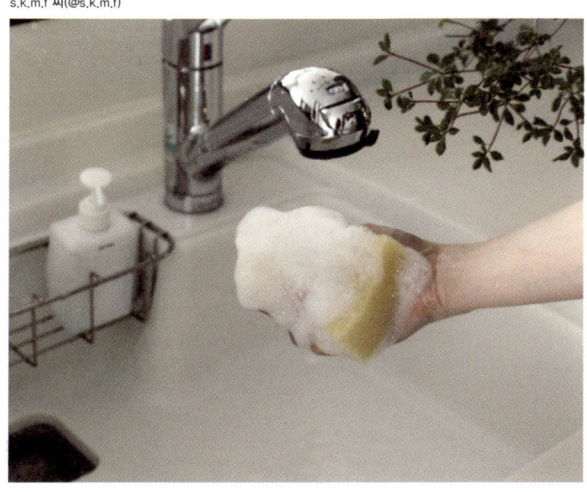

숨이 죽지 않고 오래 가는 상상스펀지

식기용 수세미로 애용 중인 상상스펀지. 숨이 죽지 않고 거품도 잘 나서 정말 마음에 듭니다. 단 오래 가는 만큼 청결에 주의하고 있습니다. 사용 후에는 거품을 완전히 헹궈내고 물기를 제거한 다음, 말리는 것이 필수. 반으로 잘라서 세면대 청소에 사용하기도 합니다.

a.r.r.y 씨(@2__a__4)

여러 번 쓸 수 있는 키친타올

우리 집 행주는 빨아 쓰는 키친타올입니다. 종이인데 빨아도 찢어지지 않습니다. 반복해서 사용할 수 있어 아주 좋아요. 행주로 사용하다가 낡으면 주방 주변이나 바닥을 닦은 다음 버립니다. 일회용 행주를 사용하면 열탕소독이나 세탁의 수고를 줄일 수 있으며 무엇보다 위생적입니다.

Chapter_03

column 2
청소와 정리 아이템 관리

>>> **moe9646 씨**
(@moe9646)

청소기 부품은 분해하여
산소계 표백제에 담가두기

가끔 청소기 부품 중 뺄 수 있는 부분을 모두 빼서 산소계 표백제에 담가둡니다. 60도 정도의 뜨거운 물에 산소계 표백제를 풀어 담가둡니다. 잠시 두었다가 헹군 후, 햇볕에 말리면 깔끔.

>>> **유키탄 씨**
(@yukitan_home)

행주는 과탄산소다액에 담가서
애벌빨래

주방에서 많이 사용하는 극세사 행주는 세탁 전에 애벌빨래. 양동이에 미지근한 물에 과탄산소다 1큰술 정도 넣고 사용한 행주를 넣어둡니다. 이 액과 함께 세탁기에 넣고 돌리면 됩니다. 냄새도 제거.

>>> **치비카오 씨**
(@___k___319)

쓰레기봉투를 바꿀 때
휴지통 청소

쓰레기봉투를 바꿀 때마다 청소하면 잊어버리지 않습니다. 치아염소산수를 뿌리고 키친타올로 닦아냅니다. 2주에 1~2번은 산소계 표백제에 담가 꼼꼼하게 청소하고 있어요. 그 덕분에 냄새가 배이지 않습니다.

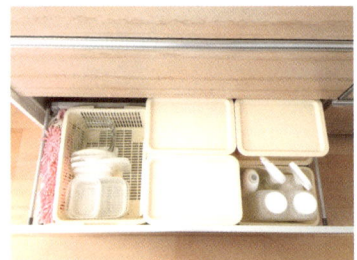

>>> **kaori 씨**
(@kaori.y.t)

수납상자는
우타마로 클리너로 닦기

수납상자는 틈새가 벌어져있어 먼지가 끼므로 정기적으로 꺼낸 다음, 서랍 안을 우타마로 클리너로 닦아냅니다. 큼직한 상자로 바꾸거나 자주 쓰지 않는 것은 뚜껑이 있는 박스 수납으로 청소시간을 줄입니다.

청소와 정리가
편해지는 팁

Technique — 청소용품은 쓰는 장소에 두기

a.r.r.y 씨(@2__a__4)

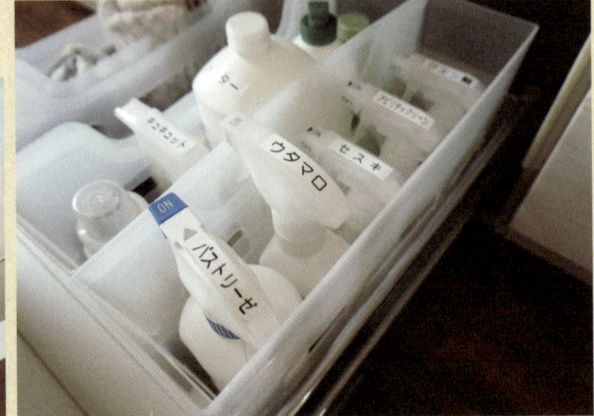

스프레이와 가루세제는 주방 한 곳에

자주 사용하는 청소세제는 주방 싱크대 밑에 모두 모아서 수납했습니다. 파스토리제, 우타마로 클리너, 세스퀴탄산수, 어빌리티 클린, 구연산, 큐쿳토, 하이타 등을 보관. 자주 쓰는 편인 파스토리제와 우타마로 클리너는 꺼내기 쉽게 앞쪽에 넣습니다. 다이소에서 구입한 파일박스가 서랍에 딱 맞아 편리하게 쓰고 있어요. 베이킹소다, 구연산, 옥시크린, 산소계 표백제같은 가루류는 무인양품 입욕제 바스솔트 리필 용기에 담아 통일하니 깔끔해 보입니다.

kaori 씨(@kaori.y.t)

s.k.m.f 씨(@s.k.m.f)

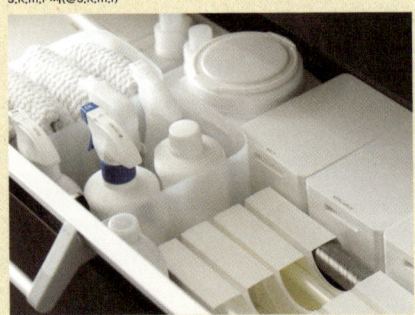

최단거리 수납으로 청소가 쉬워요

싱크대 아래 서랍은 주방에서 사용하는 청소 관련 용품을 수납하는 장소. 꺼낼 수 있는 최단거리에 수납합니다. 주방 핸드타올은 수건걸이 바로 밑에, 식기세척기용 세제는 식기세척기 옆에, 음식물 쓰레기봉투와 볼 등 싱크대에서 사용하는 것도 꺼내기 쉽습니다.

스펀지와 세제는 모두 싱크대 밑에

서랍을 열면 모든 것이 이곳에 있으므로 청소가 쉽습니다. 스펀지와 걸레를 넣은 케이스는 니토리의 휴지통입니다. 뚜껑이 있어서 깔끔해보입니다. 휴지통이지만 사용하기 쉽고 보기 좋은 정리 상자로 씁니다.

yuri 씨(@yu.ha0314)

청소 도구는
굳이 치우지 않습니다

청소가 귀찮아지는 원인은 '묵은 때를 제거하는 것이 힘들다', '청소도구를 가지러 가는 것이 귀찮다' 라는 것을 깨달았습니다. 그래서 청소 도구를 따로 치우지 않습니다. 먼지 떨이는 벽에 그냥 걸어두고 페퍼민트 오일(박하유) 스프레이 등은 식탁 옆에 있는 상자 속에 넣어둡니다. 가지러 가는 행동이 하나 줄면서 청소의 장벽도 한 단계 낮아졌습니다.

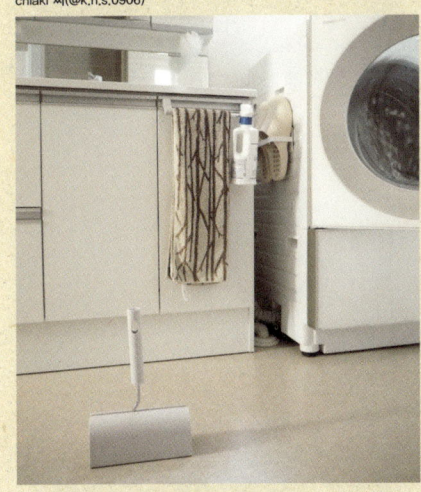

chiaki 씨(@k.h.s.0906)

유키탄 씨(@yukitan_home)

머리카락은 테이프 클리너로

세면실 바닥에 떨어진 머리카락은 청소기로 빨아들이면 엉켜서 뒤처리가 힘들기 때문에 테이프클리너를 이용합니다. 쓸 때마다 가지러 가야하면 귀찮아지므로 머리카락 전용으로 세면실에 두고 아침 저녁 한번씩 밀어줍니다. 침실과 자동차 안에도 하나씩 두었습니다.

2층 복도에는 자루걸레

2층 복도에 숨어있는 자루걸레. 무인양품에서 구입했습니다. 2층 청소에 활용 중이며 보이게 그냥 둡니다. 흰색 벽과 어울리는 내추럴한 목제손잡이를 선택하여 복도에 놓아두었습니다. 청소 도구가 보이면 청소를 언제라도 쉽게 할 수 있어요.

| Technique | 물건을 줄이고 바닥에 아무것도 놓지 않기 |

kaori 씨(@kaori.y.t)

물건은 줄이고, 인테리어는 벽을 활용

청소를 쉽게 하기 위해 집 전체를 정리해서 물건을 줄였습니다. 물건이 적으면 관리가 쉬워지고 바닥에 아무것도 놓지 않으면 청소할 때 스트레스도 줄어듭니다. 인테리어는 먼지가 쌓이지 않은 벽면을 활용합니다. 집 안이 깔끔하게 정리되어 있으면 아이들도 무엇을 어떻게 정리하면 좋을지 명확하게 아는 것 같아요. 자기들끼리 재빨리 정리할 수 있게 되었습니다.

kaori 씨(@kaori.y.t)

청소용품도 꼭 필요한 것만

걸레질에 쓰는 알코올제균제, 물때를 제거하는 만능세제(하이홈), 화장실&욕실용 우타마로 클리너, 곰팡이 제거에는 카비키라. 담가두거나 욕조 세척 등에 사용하는 산소계 표백제. 저는 이것만 있으면 충분합니다.

Mai 씨(@gpgp_ismart)

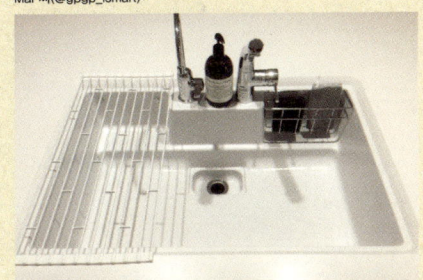

욕실 청소용품은 매달아서 수납

미끈거림 방지를 위해 매달 수 있는 것은 모두 매달아서 수납합니다. 튜브류는 후크 집게로 집어놓습니다. 대야와 청소 도구는 고리에 걸어서. 물기가 잘 빠져서 청소 시간도 줄어듭니다.

식기건조대는 놓지 않습니다

주방에 식기건조대를 놓지 않습니다. 그 대신 tower의 접이식 식기건조대를 사용합니다. 인덕션 주변에도 조미료와 조리 도구를 놓지 않고 모두 수납. 아무것도 없는 상태라면 행주질도 재빨리 끝낼 수 있습니다.

a.r.r.y 씨(@2__a__4)

물건을 없애니 청소가 쉬워졌습니다

주방싱크대에 있던 수세미 랙을 철거했습니다. 청소가 편해졌고 랙 자체를 청소하는 수고도 없어지니 청소 시간이 단축되었어요. 수세미는 스테인리스 집게에 끼워서 레인지 후드에 걸어둡니다. 주방 매트도 없앴어요. 바닥이 더러워질 때마다 바로 닦을 수 있어서 더 깨끗하게 유지됩니다. 욕실도 벽 청소가 쉽도록 선반을 철거했습니다. 옆면 벽에 고리를 달아서 수납합니다.

Technique — '하는 김에 하는 청소'로 시간 단축

kanaria 씨(@kanaria_ouchi)

아침 메이크업이 끝나면 바로 세면실 청소

세면실이 가장 더러워지는 때는 아침 메이크업 이후입니다. 손을 씻고 메이크업베이스나 파운데이션 등의 유분이 세면볼에 묻기 때문입니다. 화장이 끝나면 손세정제와 극세사걸레로 닦아줍니다. 물을 묻혀서 거품을 닦아낸 다음, 꽉 짠 걸레로 닦아서 마무리합니다. 걸레는 세탁바구니에 그대로 넣어 다른 빨래와 함께 세탁합니다.

s.k.m.f 씨(@s.k.m.f)

chaki 씨(@k.h.s.0906)

양치질하면서 세면대 리셋

매일 아침 양치질을 할 때 세면대를 스펀지로 닦아서 리셋합니다. 전용세제 대신 손세정제로 쓱쓱 닦아버리는 것이 제 스타일. 세면볼, 수전, 거울을 문지른 다음, 끝으로 닦아내도 5분이 걸리지 않아요.

세수한 다음, 세면대와 거울 닦기

매일 아침 세수를 한 다음, 극세사걸레와 손세정제로 세면대 주변을 닦습니다. 거울은 파스토리제를 뿌린 다음 닦습니다. 걸레는 덜튼의 수건걸이에 걸어둡니다. 이렇게 하고 나서 물이 튀기면 바로 닦게 되었어요.

chiaki 씨(@k.h.s.0906)

치비카오 씨(@___k___319)

거실 창틀은 뭔가를 하면서 청소

더러움이 가장 눈에 잘 띄는 거실 창틀은 텔레비전을 보면서 또는 아이들과 놀면서 등 뭔가를 하면서 물티슈로 닦습니다. 생각날 때마다 가볍게 닦기 때문에 따로 꼼꼼하게 청소할 필요없이 깨끗하게 유지하고 있습니다.

텔레비전을 보면서 러그 청소

텔레비전 뒤에 무인양품 테이프 클리너를 놓아둡니다. 텔레비전을 보거나 아이들과 놀면서 러그를 청소. '청소해야지!'하면서 따로 준비할 필요없이 깨끗해져 있는 느낌이 재미있습니다.

kanaria 씨(@kanaria_ouchi)

화장실 간 김에 구연산수 뿌리기

화장실에 간 김에 하루에 한번 정도 변기에 구연산수를 뿌려줍니다. 200㎖ 정도 되는 분무기에 구연산수를 만들어서 화장실에 상비. 손에 잘 잡히고, 쓰기 편한 작은 분무기를 사용합니다. 시간이 지나버린 변기 주변의 오염은 기무라 비누의 화장실 클리너를 사용. 스프레이 한 다음 닦아냅니다. 기무라 비누의 상품은 구연산과 베이킹소다, 산소계 표백제, 세스퀴탄산소다 등 여러 가지를 쓰고 있어요.

Technique 물건의 주소 정하기

kaori 씨(@kaori.y.t)

겉옷은 현관에 있는 바구니가 제자리

밖에서 돌아와 벗은 겉옷이나 머플러, 장갑은 현관에 있는 세탁바구니에 던져 넣습니다. 습관화하니 집 안에 벗어 놓는 것이 없어졌습니다. 휙휙 넣기만 하면 되므로 3살 아이도 혼자서 잘 넣습니다.

s,k,m,f 씨(@s.k.m.f)

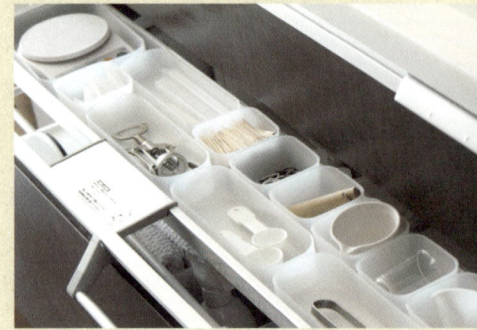

조리 도구는 한 케이스에 한 종류

주방의 이 서랍은 계량스푼 등 자잘한 도구를 수납. 한 아이템당 한 케이스에 담아 한눈에 무엇이 어디에 있는지 바로 알 수 있습니다. 무인양품 정리박스와 메이크박스를 조합하면 빈틈없이 딱 맞출 수 있어요.

Mai 씨(@gpgp_ismart)

세탁용품은 세탁기 위에 수납

세탁물을 널 때 사용하는 옷걸이와 집게건조대. 필요할 때 바로 쓸 수 있게 세탁기 위에 수납합니다. 집게건조대는 서랍이나 선반 위에 두면 빨래집게가 엉켜서 꺼내기 힘들 때가 있어요. 이렇게 걸어놓으면 스마트하게 사용할 수 있습니다.

chiaki 씨(@k.h.s.0906)

가지고 올라갈 것은 층계 바구니에

거실에서 2층으로 매번 무엇인가를 가지고 올라가는 것은 귀찮습니다. 그래서 층계에 우선 넣어두는 바구니를 놓았어요. 나중에 2층으로 올라가는 길에 한 번에 들고 가면 끝.

Technique 청소와 정리가 쉬운 집 만들기

yuri 씨(@yu.ha0314)

겉은 깔끔, 속은 대충입니다

기본적으로 게으른 성격이지만 한눈에 봤을 때 정리되어 있지 않으면 스트레스를 받는 타입. 하지만 세세하게 하나하나 완벽하게 정리하는 것은 지속하기 어렵습니다. 그래서 찬장 속은 내용물이 보이지 않는 케이스에 수납. 한눈에 보기에는 깨끗해 보이지만 그 안은 대충 수납합니다.

다리 있는 가구는 청소도 쓱쓱

TV장 뒤쪽은 먼지가 쌓이기 쉽지만 좁아서 청소하기 어렵습니다. 거실에 다리가 있는 가구를 놓았습니다. 청소기가 들어가는 높이라서 매일 마루 청소를 하는 것이 쉽습니다. 높이는 로봇청소기까지 고려해서 구입했습니다. 다리가 달린 가구는 집을 넓고 깔끔해보이게 해줍니다.

chiaki 씨(@k.h.s.0906)

pyokopyoko 씨(@pyokopyokop)

대부분의 가구는 붙박이

책장과 그릇장 같은 큰 수납가구는 뒤쪽과 아래쪽을 청소하는 것이 어렵습니다. 그래서 집을 지을 때, 대부분의 수납 가구를 붙박이로 넣었습니다. 사진은 거실. 매일 청소기를 돌리고 먼지는 주 2~3회 털어주는데 가구를 움직일 필요가 없어서 정말 편합니다.

Technique — 청소 리스트 만들기 ①

Name
pyokopyoko 씨

Instagram ID
@pyokopyokop

매일 청소 리스트
- 세면대 청소
- 욕실 청소, 건조
- 화장실 간단 청소
- 베란다 난간 청소
- 청소기 돌리기
- 현관 청소
- 층계 청소
- 주방 리셋

매주 청소 리스트
- 우편함, 현관벨, 현관문 물걸레질
- 주방 환기팬 청소
- 물걸레 로봇청소기(브라바)로 바닥 물걸레질
- 화장실 꼼꼼하게 청소

매월 청소 리스트
- 세탁조 청소
- 욕실 곰팡이 방지 훈연제

더러워지는 장소는 반드시 매일 청소

아침에 세수를 하는 김에 세면대를 닦고, 욕실 배수구 머리카락을 휴지로 제거한 다음, 배수구 뚜껑을 기대어 세워놓고 뚜껑과 목욕의자도 위치를 바꿔서 잘 마르도록 합니다. 2층 화장실과 세면대도 매일 청소. 물 쓰는 곳은 오래두면 청소가 힘들기 때문에 매일 하려고 노력합니다. 현관과 층계 빗자루질은 외출하는 길에. 그 외에 약간 시간이 있을 때면 평소에 청소하지 않는 곳(창, TV장, 서랍 안 등)을 청소합니다.

Name
kaori 씨

Instagram ID
@kaori.y.t

매일 청소 리스트
- 1층 청소기 돌리기
- 세면대 청소
- 화장실 청소
- 주방 리셋

매주 청소 리스트
- 욕실 꼼꼼하게 청소
- 화장실 꼼꼼하게 청소
- 걸레받이, 선반 위 청소
- 마룻바닥 물걸레질
- 창틀 청소
- 주방 가전청소
- 현관청소
- 2층 청소기 돌리기

매월 청소 리스트
- 세탁조, 산소계 표백제에 담그기
- 욕실 곰팡이방지 훈연제
- 마루 물걸레질(식기세척기용 세제)

리스트 만들어 자석으로 체크

매일 청소기를 돌리고, 물 쓰는 곳은 매일 청소합니다. 나머지는 일주일에 한 번 할 수 있으면 괜찮다고 생각합니다. 알아보기 쉽게 리스트를 만들어 게시. 끝난 항목부터 자석을 이동시켜 남은 부분은 주말에 합니다. 낮 시간엔 아이와 함께 하고 싶어서 아침에 집중적으로. 욕실 곰팡이 방지 훈연제와 세탁조 클리너는 한 달에 한번이므로 포스트잇에 날짜를 적어 붙여놓습니다. 어디든 정기적으로 청소를 한 덕분인지 특별한 세제 없이도 바로 깨끗해집니다.

| Technique | 청소 리스트 만들기 ② |

Name
yuri 씨

Instagram ID
@yu.ha0314

매일 청소 리스트
- 1층 청소기 돌리기 (아침 저녁 2회)
- 세면대 청소
- 주방리셋
- 거실리셋
- 마루 물걸레질

매주 청소 리스트
- 마루 구석을 물걸레질
- 화장실 꼼꼼하게 청소
- 냉장고 정리
- 가전제품 관리(격주)
- 가구 닦기
- 매트리스 말리기

매월 청소 리스트
- 세탁조 청소
- 욕조 꼼꼼하게 청소
- 욕실 거울 얼룩 제거
- 세면실 꼼꼼하게 청소
- 걸레받이와 문 물걸레질
- 주방 꼼꼼하게 청소

손님에게 노출되는 1층을 중점적으로

딸의 친구를 비롯 손님의 방문이 잦아서 현관, 거실, 화장실은 늘 깨끗하게 유지하려고 합니다. 아침저녁 청소기 돌리기와 아침 세수 후의 세면실 닦기, 자기 전에 주방 리셋. 거실은 자기 전에 반드시 치웁니다. 그래야 아침에 일어났을 때 상쾌한 상태로 하루를 시작할 수 있거든요. 기분 좋게 일어나서 기분 좋게 나갈 준비를 하고 싶습니다.

Technique
대청소를 한다 & 하지 않는다

kaori 씨(@kaori.y.t)

대청소를 한다

대청소 리스트
- 현관타일 닦기
- 현관문 닦기
- 욕실 꼼꼼하게 청소
- 세탁조 청소
- 화장실 꼼꼼하게 청소
- 세면대 꼼꼼하게 청소
- 마루를 식기세척기 세제로 물걸레질
- 걸레받이, 코너 청소
- 환기팬 청소
- 주방싱크대 꼼꼼하게 청소
- 창문, 창틀 꼼꼼하게 청소
- 마당 청소

평소 하는 청소를 좀더 꼼꼼하게, 마당과 다다미방도 청소

추운 호쿠리쿠에서 살기 때문에 대청소는 본격적으로 추워지기 전인 11월부터 시작합니다. 평소에 부지런히 청소를 하고 있어서 대청소라고 해서 특별한 세제는 필요하지 않습니다. 좀 더 꼼꼼하게 하는 정도입니다. 다다미방은 자주 청소기를 돌리고 환기를 시키지만 대청소를 할 때는 알코올 제균제를 뿌린 다음, 마른 행주로 닦아줍니다. 그다음엔 드라이어나 선풍기로 완전하게 건조. 마당의 반은 제초시트와 자갈이 깔려있지만 나머지 반은 대청소를 할 때 손질합니다.

a.r.r.y 씨(@2__a__4)

대청소 하지 않는다

더러움이 쌓이지 않기 때문에 대청소는 하지 않습니다

신경 쓰이는 곳은 평소에 청소를 해서 더러움이 쌓이지 않게 하고 있습니다. 그래서 대청소는 하지 않습니다. 맞벌이를 하고 있어서 긴 연휴에는 두 딸과 마음껏 놀아주고 싶어요. 휴가 다음날 엉망이 된 집을 보고 청소 의욕이 생기지 않을 때는 SNS로 멋진 집을 구경하면서 의욕을 끌어냅니다.

Technique
매일 최소한의 청소 하기

chiaki 씨(@k.h.s.0906)

마루와 식탁 리셋은 필수

아이들 장난감은 전부 정리, 식탁 위에 아무것도 없는 상태로 잠자리에 듭니다. 다음 날 일어났을 때 물건으로 넘쳐나는 집을 보면 맥이 빠집니다. 하지만 아무것도 없으면 그것만으로도 기분이 좋은 아침을 맞이할 수 있어요. 아침은 일단 시간과의 승부. 아무것도 없다는 것만으로 집안일이 원활하게 시작됩니다. 아이들을 웃는 얼굴로 보내기 위해서도 저녁 리셋은 필수입니다. 아이들도 자기 전에 당연하게 정리하고 있습니다.

저녁식사 설거지는 반드시 그날 안에. 식기세척기가 없어서 바닥에 물이 튀지만 세탁이 힘든 매트는 깔지 않습니다. 가스레인지나 수전 등을 닦아낸 다음. 마무리는 무인양품의 자루걸레로 재빨리 바닥 닦기.

SHOKO 씨(@4696mono1222_shoko)

주방, 거실, 욕실은 매일 밤 리셋

매일 밤 주방을 전부 정리한 다음 닦아내고 거실은 청소기를 돌립니다. 욕실은 아침이 아니라 밤에 청소하고 닦아냅니다. 물기나 때를 방치하는 시간이 길어지면 물때와 곰팡이가 생기기 쉽고 청소도 힘들어집니다. 밤에 완벽하게 리셋한 덕분에 아침에 일어나면 기분이 개운.

Mai 씨(@gpgp_ismart)

치비카오 씨(@___k___319)

하루를 마칠 때 주방 리셋

싱크대는 주방용 세제로 닦고 배수구 망은 식기세척기에 넣습니다. 다음은 주방의 조리대, 인덕션, 전자레인지 속의 기름때를 세스퀴탄산수와 종이타올로 닦아내고 식기 건조대에는 파스토리제를 뿌려서 제균하면 끝.

자루걸레로 편하게 먼지 제거

보통은 청소기를 돌리지 않고 자루걸레로 청소합니다. 정전기 청소포로 먼지를 닦은 다음, 물걸레 청소포를 끼워 끈적거리는 오염을 제거. 이것만으로도 확실히 깨끗해집니다.

mayumi 씨(@mayumichan12)

밤에 자기 전에는 주방 청소. 중성세제를 바른 스펀지로 싱크대와 조리대, 그릇장 등을 거품을 내서 씻어냅니다. 셀룰로오스 행주로 물걸레질을 반복한 다음, 마지막으로 빨아 쓰는 키친타올과 파스토리제로 닦아냅니다.

밤 사이 떨어진 먼지는 일어나자마자 제거

가족이 일어나기 전에 자루걸레질을 합니다. 자루걸레를 밀다보면 늘 '먼지란 게 하루 동안 제법 많이 쌓이네.'라는 생각이 듭니다. 그래서 아무리 바빠도 이것만은 매일 반드시 하려고 해요. 더스킨에서 자루걸레를 렌탈해서 쓰고 있는데 쉽게 청소할 수 있어서 편리. 모인 먼지는 다이슨 핸디형 무선 청소기로 흡입.

| Technique | 가족과 분담하기 |

SHOKO 씨(@4696mono1222_shoko)

욕실 청소는 마지막에 들어가는 사람, 아이들도 각자 청소

청소를 혼자서 다 해내는 것은 정말 힘든 일입니다. 우리 집에서는 가족이 협력하여 청소를 합니다. 욕실 청소는 매일 마지막에 쓴 사람이 하는 것이 기본. 모두 같은 시간에 들어갔을 때는 하는 순서를 가위바위보로 정하지만 고등학생인 큰아들이 그냥 할 때도 있어요. 창문 청소와 발코니 청소, 24시간 환기 등 높은 곳은 남편 담당. 책상 닦기와 구두 정리 등 간단하게 할 수 있는 집안일은 어린이집에 다니는 아이들 둘이서. 가족 모두가 도와서 살기 좋은 집을 유지하고 있습니다.

chiaki 씨(@k.h.s.0906)

빨래 개기는 아들이

올봄. 큰아이가 초등학교에 입학했습니다. 아이도 집안일을 돕게 하자고 생각, 자기 빨래와 가족 수건 개는 것은 큰아들에게 맡겼어요. 매일 집안일을 돕고 월말에 용돈 100엔. 용돈을 받기 위해서 열심히 합니다. 남편은 아직 손이 가는 4살, 2살 아이들을 돌봅니다.

column 3
세탁이 쉬워지는 아이디어

>>> **chiaki 씨**
(@k.h.s.0906)

아이들 신발과 실내화 모두
산소계 표백제에 담그기

매일 즐겁게 바깥놀이를 한 증거로 금세 새까매지는 아이들 신발. 주말에는 집에 가지고 돌아온 실내화와 함께 산소계 표백제에 담가두면 새하얘집니다. 좋아하는 프래디 렉(Freddy leck)의 대야에 실내화 한 켤레와 신발 두 켤레가 딱 들어갑니다. 가볍게 헹구고 마지막으로 문지르는 것은 아이들 몫. 세탁기에서 탈수하면 금세 마른답니다.

>>> **SHOKO 씨**
(@4696mono1222_shoko)

피가 묻었을 때는
세스퀴탄산수로 제거

베개에 코피가 묻거나, 다쳐서 옷에 피가 묻었다면 세스퀴탄산수 스프레이를 이용하면 깨끗하게 제거할 수 있습니다. 오염된 부분의 밑에 티슈 몇 장을 겹쳐서 깔고 피가 묻은 곳에 세스퀴탄산수를 듬뿍 뿌리고 둥글게 뭉친 티슈로 두드려주세요. 며칠 지난 오염도 반복하면 제거됩니다.

양말 바닥 때는
우타마로 비누로 비벼 빨기

더러워진 아이들 양말은 우타마로 비누로 정말 쉽게 때를 뺄 수 있어요. 더러워진 부분에 우타마로 비누를 칠하고 빨래판에 대고 박박 문질러줍니다. 스며든 진흙물도 정말 깨끗하게 빠져요. 신발은 산소계 표백제에 담가뒀다가 밑창 고무 부분을 멜라민 스펀지로 문질러서 검은 때를 제거합니다.

인기 미니멀리스트 25인의
집안일 아이디어
미니멀라이프 청소와 정리법

1판 1쇄 발행 2018년 7월 5일
1판 3쇄 발행 2019년 7월 5일

지은이 주부의 벗 편집부
옮긴이 김수정
펴낸이 정원정, 김자영
편집 홍현숙
디자인 이유진
마케팅 소요프로젝트

펴낸곳 즐거운상상
주소 서울시 중구 충무로 13 엘크루메트로시티 1811호
전화 02-706-9452
팩스 02-706-9458
전자우편 happywitches@naver.com
페이스북 @happydreampub
포스트 post.naver.com/happywitches
출판등록 2001년 5월 7일
인쇄 천일문화사

ISBN 979-11-5536-121-4(13590)
*이 책의 모든 글과 그림, 디자인을 무단으로 복사, 복제, 전재하는 것은 저작권법에 위배됩니다.
*잘못 만들어진 책은 서점에서 교환하여 드립니다.
*책값은 뒤표지에 있습니다.
*전자책으로 출간되었습니다.

すっきり暮らすための掃除・片づけのコツ
© Shufunotomo Co., Ltd. 2017
Originally published in Japan by Shufunotomo Co., Ltd.
Translation rights arranged with Shufunotomo Co., Ltd.
Korean translation rights © 2018 by Happy Dream Publishing co.
Through Botong Agency

이 책의 한국어판 저작권은 Botong Agency를 통한 저작권자와의 독점 계약으로 즐거운상상이 소유합니다.
신저작권법에 의하여 한국 내에서 보호를 받는 저작물이므로 무단전재와 무단복제를 금합니다.